C·H·Beck

PAPERBACK

Matthias Naß

COUNTDOWN
IN KOREA

**Der gefährlichste Konflikt der
Welt und seine Hintergründe**

C.H.Beck

Mit 2 Karten (© Peter Palm, Berlin)

© Verlag C.H.Beck oHG, München 2017
Satz, Druck u. Bindung: Druckerei C.H.Beck, Nördlingen
Umschlaggestaltung: Geviert, Grafik & Typografie,
Christian Otto
Umschlagabbildung: © Picture Alliance
Gedruckt auf säurefreiem, alterungsbeständigem Papier
(hergestellt aus chlorfrei gebleichtem Zellstoff)
Printed in Germany
ISBN 978 3 406 72042 0

www.chbeck.de

Inhalt

Für Lisa

Vorwort

Im August 2017, als Donald Trump Nordkorea die Vernichtung mit «Feuer und Zorn» androhte, schien die Welt am Rande eines Atomkriegs zu stehen. Das Undenkbare war plötzlich denkbar geworden – so dramatisch eskalierte der rhetorische Schlagabtausch zwischen dem amerikanischen Präsidenten und dem nordkoreanischen Jungdiktator Kim Jong Un. Dominanzgehabe drohte die politische Vernunft auszuschalten. Selbst den Europäern, die bis dahin von dem Konflikt um das Nuklearprogramm Pjöngjangs kaum Notiz genommen hatten, wurde mit einem Mal bewusst, welche Gefahr im Fernen Osten heraufzog.

Die ersten Anzeichen dafür, dass sich die Konfrontation zwischen den Vereinigten Staaten und Nordkorea zuzuspitzen begann, waren im Herbst 2016 zu registrieren. Auf Konferenzen munkelten Diplomaten und Rüstungsexperten, das Thema sei auf der sicherheitspolitischen Agenda Washingtons ganz nach oben gerückt. Und als nach der amerikanischen Präsidentschaftswahl Barack Obama mit Donald Trump bei einer Begegnung im Oval Office über die größten Herausforderungen des Landes sprach, da stand Nordkorea an erster Stelle — vor dem Kampf gegen den «Islamischen Staat», vor der wachsenden Macht Chinas.

Schon seit Beginn der neunziger Jahre gab es kaum noch einen Zweifel, dass Nordkorea nach der Bombe greifen wollte. Das Regime in Pjöngjang bestritt dies, behauptete vielmehr, die Kerntechnik allein für die Energieversorgung nutzen zu wollen. Doch die Erkenntnisse der westlichen Nachrichtendienste, nicht zuletzt dank immer präziserer Satellitenaufnahmen, ließen keinen Zweifel am militärischen Charakter des nordkoreanischen Atomprogramms. Bereits 1994 dachte die Regierung von Bill Clinton über einen Präventivschlag gegen die Atomanlagen des damaligen Diktators Kim Il Sung nach. Aber zu unkalkulierbar

schienen ihr die Folgen zu sein, zu groß die Gefahr für die Zivil-
bevölkerung in beiden koreanischen Staaten, insbesondere für
die Einwohner von Seoul, der Hauptstadt des Südens.

George W. Bush, der Nordkorea gemeinsam mit dem Irak
und Iran zur «Achse des Bösen» erklärte, trug mit seinem Krieg
im Irak und dem Sturz Saddam Husseins zur beschleunigten
nuklearen Aufrüstung Nordkoreas bei. Denn darin war sich das
Regime in Pjöngjang sicher: Einen Saddam mit Atomwaffen
hätten die Amerikaner niemals angegriffen. Fragt man nach den
wirklichen Gründen für das nordkoreanische Atomprogramm,
dann findet man sie hier: in der festen Überzeugung, allein Nuklearwaffen garantierten die Unabhängigkeit des Landes und das
Überleben des Regimes. Weil die Kim-Dynastie glaubt, sich ohne
die Bombe nicht behaupten zu können, ist jede Hoffnung illuso-
risch, sie ihr auf diplomatischem Wege abzutrotzen.

Die Kim-Familie, die das Land in dritter Generation beherrscht, handelt keineswegs irrational. Im Gegenteil, das Handeln Pjöngjangs lässt sich ziemlich genau erklären. Zynisch, ja,
das ist es, aber keineswegs verrückt. Kim Jong Un agiert außer-
ordentlich kaltblütig, ja ruchlos, und ist damit ein getreuer Erbe
seines Großvaters Kim Il Sung und seines Vaters Kim Jong Il.
Seit siebzig Jahren halten sich die Kims an der Macht. In dieser
Zeit brach die Sowjetunion zusammen, wurden die Länder des
ehemaligen «Ostblocks» Mitglieder von EU und Nato, erlebte
China die Rückkehr des Kapitalismus, diesmal unter der Obhut
der Partei. Die Kims regieren immer noch.

Dies konnte ihnen gelingen, weil sie ihr Land rigoros von der
Welt isoliert haben. Die Ideologie vom eigenen Weg, vom Vertrauen auf die eigene Kraft war zwar immer nur hohle Phrase;
in Wirklichkeit war das Land seit Anfang der sechziger Jahre
abhängig von sowjetischer und chinesischer Hilfe. Aber fremde
Gedanken sollten nicht nach Nordkorea hineindringen. Mit un-
glaublicher Brutalität haben die drei Kims ihre totalitäre Herrschaft abgesichert. Viele hunderttausend Nordkoreaner sind in

den vergangenen Jahrzehnten in die Lager für politische Häftlinge gesteckt worden, wo sie unter unmenschlichen Bedingungen dahinvegetierten. Mord, Folter, Hunger, Vergewaltigung sind in diesen Lagern bis heute an der Tagesordnung. Der nordkoreanische Gulag ist eine Schande für die ganze Menschheit. Erst im Jahr 2014 hat der Bericht einer Untersuchungskommission der Vereinten Nationen das Grauen in allen seinen Einzelheiten beschrieben. Kim Jong Un müsse sich vor dem Internationalen Strafgerichtshof in Den Haag verantworten, forderte die Kommission; ein Schicksal, das dem Diktator dank des Vetorechts Chinas und Russlands im UN-Sicherheitsrat erspart bleiben dürfte.

Wenn man über die Gefahren spricht, die von der nordkoreanischen Atombombe ausgehen, dann muss man über den Charakter des Regimes sprechen. Es ist die wohl bösartigste Despotie der Gegenwart. Man vergegenwärtige sich nur die völlig gegensätzliche Entwicklung der beiden koreanischen Staaten. Der Süden hat schon in den achtziger Jahren die Militärdiktatur überwunden, er ist zu einer lebendigen Demokratie mit einer blühenden Wirtschaft herangewachsen. Der Norden dagegen verharrt trotz zaghafter Reformversuche in Armut, Isolation und Rückständigkeit. Mit seiner einfältigen «Juche»-Ideologie und dem bizarren Personenkult entmündigt er seine Bürger. Die furchtbare Wahrheit ist: Die Kim-Diktatur hat Millionen Menschen ihr Leben gestohlen.

Mit Marxismus-Leninismus hat dies alles wenig zu tun. Nordkorea ist kein sozialistisches Land. Seine Führerideologie, der vollkommen übersteigerte Nationalismus und ein kaum verhüllter Rassismus lassen den Staat der Kims dem Faschismus näher sein als dem Kommunismus.

Dieses Land ist nun drauf und dran, Interkontinentalraketen mit atomaren Sprengköpfen zu bestücken, mit denen es die Metropolen der Vereinigten Staaten erreichen kann: Los Angeles, Denver, Chicago, vielleicht New York und Washington. Für alle

Präsidenten in Washington war der Bau einer solchen Rakete bisher die rote Linie, die nicht überschritten werden durfte. Aber Donald Trump steht vor dem gleichen Dilemma wie seine Vorgänger: Ein Angriff auf Nordkorea hätte katastrophale Zerstörungen auch im Süden der Halbinsel zur Folge. Das ist Kim Jong Uns Kalkül, dass die Furcht vor einem zweiten Koreakrieg, gar vor einem Atomkrieg, jeden Angriff auf sein Land verhindert.

Müssen wir also mit der nordkoreanischen Bombe leben? Müssen wir Nordkorea als neunten Atomstaat (nach den USA, Russland, Großbritannien, Frankreich, China, Israel, Indien und Pakistan) akzeptieren? Gilt auch für Nordkorea die Logik des Kalten Krieges: Abschreckung und Eindämmung? Oder muss jetzt gehandelt werden, da der Bestand Nordkoreas an Nuklearwaffen noch gering ist und atomar bestückte Raketen die USA noch nicht erreichen können?

Darüber wurde während der vergangenen Monate in Washington, Tokio und Seoul heftig debattiert. Als das Manuskript für dieses Buch im September 2017 abgeschlossen wurde, war offen, ob sich die Politik des Containment, also des Einhegens der Diktatur bei gleichzeitiger Akzeptierung ihrer Atomwaffen durchsetzen würde. Oder ob die Überzeugung obsiegen würde, dass die Gefahren, die von Nordkorea ausgehen, von Jahr zu Jahr weiter wachsen würden und ihnen deshalb militärisch begegnet werden müsse.

So klar wie zwischen Ost und West im Kalten Krieg verlaufen in Ostasien die politischen Fronten nicht. Die Interessen der drei Atomstaaten USA, China und Russland sowie Japans stoßen hier aufeinander. Niemand von ihnen will ein nuklear bewaffnetes Nordkorea. Aber China will auch kein vom Süden dominiertes wiedervereinigtes Korea mit amerikanischen Truppen an seiner Grenze. Japan und Südkorea sind zwar Amerikas engste Verbündete in Asien, untereinander aber wahrlich keine Freunde; bis heute sind sie nicht fähig, die Bürden der Vergangenheit abzuwerfen. Südkorea braucht den militärischen Schutz der Vereinigten Staaten, aber jeder Gedanke in Washington, militärisch gegen den Norden vorzugehen, löst bei den Südkoreanern Ängste und Proteste aus.

Unbestritten ist, dass China und Amerika den Nordkoreakonflikt nur gemeinsam lösen können. Im Ziel einer koreanischen Halbinsel ohne Atomwaffen sind sich Washington und Peking einig, nicht aber über den Weg dorthin. Eine partielle Kooperation ist möglich. Doch scheitert ein strategisches Zusammengehen an der geopolitischen Rivalität zwischen der etablierten und der aufsteigenden Supermacht. Zu tief sitzt das gegenseitige Misstrauen.

Ich habe Korea in den vergangenen drei Jahrzehnten immer wieder bereist, das erste Mal 1985, als der südkoreanische Oppositionsführer Kim Dae Jung aus dem amerikanischen Exil nach Seoul zurückkehrte. Etwa fünfzehn Mal habe ich Südkorea besucht, zweimal den Norden. Ich habe erlebt, wie sich die Südkoreaner Ende der achtziger Jahre gegen die Militärdiktatur erhoben und wie sich das Land Schritt für Schritt demokratisierte. Ich bin 1997 nach Nordkorea gereist, als eine schreckliche Hungersnot das Land heimsuchte und die Menschen in ihrer Verzweiflung Gräser und Blätter aßen. Ich habe all diese Reisen für die ZEIT unternommen. An vielen Stellen in diesem Buch greife ich auf meine Reportagen zurück, zitiere noch einmal die Politiker, Studenten, Professoren, Soldaten, Diplomaten, Flüchtlinge, Menschenrechtsaktivisten und humanitären Helfer, die ich damals traf.

Mein Dank gilt daher in erster Linie der ZEIT, ihren Chefredakteuren, die mir meine Reisen ermöglichten, und meinen Kollegen, die meine Texte redigiert und verbessert haben. Detlef Felken vom Verlag C.H.Beck bin ich dankbar, weil er dieses Buchprojekt angestoßen und mit großer Sympathie begleitet hat. Theo Sommer, meinem journalistischen Lehrer bei der ZEIT und erfahrenem Koreakenner, danke ich für die genaue Lektüre des Manuskriptes. Wie auch meinem Freund Hans Janus, der den Text sorgfältig gelesen und mir wertvolle Anregungen gegeben hat. Dank gilt ebenso Bettina Spyrou, die das Manuskript gewissenhaft betreut hat und die mir meine Arbeit im Büro jeden Tag zur Freude macht.

Den größten Dank aber schulde ich meiner Frau Lisa. Sie war, wie immer, meine erste und kritischste Leserin. Mit großer Geduld und mit liebevoller Hilfe hat sie das Entstehen des Manuskriptes begleitet. Ihr ist dieses Buch gewidmet.

Hamburg, im September 2017

Erster Teil

NORDKOREA

I. Der Griff nach der Bombe

1. Was auf dem Spiel steht

Schon am frühen Morgen drückt die tropische Hitze auf die Stadt, doch in den klimatisierten Räumen des Shangri-La Hotels ist davon nichts zu spüren. Jedes Jahr im Juni versammelt sich in Singapur die sicherheitspolitische Community Asiens und des Pazifiks. Von Kanada bis China, von Australien bis Japan kommen alle, die in der Außen- und Verteidigungspolitik Rang und Namen haben, wenn das Londoner International Institute for Strategic Studies (IISS) zum «Shangri-La Dialogue» einlädt. An der vornehmen Orange Grove Road, dort wo es im grünen Singapur besonders üppig blüht, blockieren Betonsperren den Verkehr; Polizisten in Kampfanzügen und mit Maschinenpistolen bewachen die Hotelzufahrten. Drei Tage lang herrscht höchste Sicherheitsstufe.

Der Gast, auf den alle gewartet haben, betritt am Samstagmorgen kurz vor neun Uhr das Konferenzpodium. Kein Stuhl ist mehr frei im riesigen Ballsaal des Hotels, Hunderte finden nur noch einen Stehplatz an den Wänden und im Foyer, als US-Verteidigungsminister James Mattis mit seiner Rede beginnt. Donald Trumps Mann im Pentagon kommt sofort zur Sache: Von Nordkorea gehe eine Gefahr für den Frieden aus. Zur langen Liste der Verbrechen des Regimes in Pjöngjang – «Mord an Diplomaten, Kidnappen unschuldiger Menschen, Töten von Matrosen und andere kriminelle Aktivitäten» – komme nun die nukleare Aufrüstung hinzu. Mit seinen Atomraketen bedrohe Nordkorea «unsere Verbündeten in der Region, unsere Partner und die ganze Welt».

Deshalb, sagt Mattis, habe Präsident Trump die Politik der «strategischen Geduld» seines Vorgängers Barack Obama aufgegeben. Washington strebe eine enge Zusammenarbeit mit China an, um eine «Entnuklearisierung» der koreanischen Halbinsel zu erreichen. «Unser Ziel ist nicht der Regimewechsel, wir wollen die asiatisch-pazifische Region nicht destabilisieren. Wir werden jedoch den diplomatischen und wirtschaftlichen Druck weiter erhöhen, bis Pjöngjang sein Nuklear- und Raketenprogramm aufgibt.»[1]

Nordkorea steht auf der Sorgenliste der Vereinigten Staaten ganz oben. Daran hat sich nichts geändert, seit Donald Trump ins Weiße Haus eingezogen ist. Im Gegenteil, der Konflikt hat sich weiter verschärft, im Sommer 2017 spitzte er sich dramatisch zu. Die Konfrontation, die nun für jedermann sichtbar wurde, hatte sich seit langem abgezeichnet.

Neunzig Minuten dauerte das Gespräch, zu dem Barack Obama am 10. November 2016 seinen Nachfolger empfing. Zwei Tage zuvor war Donald Trump zum neuen amerikanischen Präsidenten gewählt worden. Jetzt saßen die beiden Männer allein im Oval Office, und Obama weihte Trump in die wichtigsten Staatsgeheimnisse ein, um einen reibungslosen Übergang der Regierungsgeschäfte zu gewährleisten. Trump sollte vom ersten Tage an handlungs- und entscheidungsfähig sein. Unter den drei dringendsten Sicherheitsproblemen, so viel drang später über die Unterhaltung nach außen, nannte Obama an erster Stelle die Bedrohung Amerikas durch das nordkoreanische Atomprogramm.

In Singapur hat auch Mark Fitzpatrick die Rede von James

Mattis verfolgt. Fitzpatrick leitet das Washingtoner Büro des International Institute for Strategic Studies, er gehört zu den führenden Atomwaffen-Experten des IISS. Die Reihenfolge in der Rede von Mattis sei aufschlussreich gewesen, sagt er: «Er hat mit Nordkorea angefangen, China kam an zweiter, der Terrorismus an dritter Stelle.» Warum die Fokussierung auf Nordkorea? «Die Tatsache, dass die Nordkoreaner rasante Fortschritte bei der Entwicklung einer Interkontinentalrakete machen, mit der sie die Vereinigten Staaten erreichen können, verändert aus Sicht Washingtons das ganze Spiel», sagt Fitzpatrick. «Kein amerikanischer Präsident kann dies dulden. Das ist eine rote Linie.» Pjöngjangs Interkontinentalraketen (Intercontinental Ballistic Missiles – ICBM) könnten schon in zwei Jahren einsatzbereit sein. Fitzpatrick ahnt in diesem Moment nicht: Genau einen Monat später werden die Nordkoreaner ihre erste ICBM testen.

Was die Nordkoreaner nicht begreifen oder in ihrem Bemühen um internationale Aufmerksamkeit kaltblütig ignorieren: Die Bedrohung durch die Vereinigten Staaten, gegen die sie sich zu schützen vorgeben, führen sie mit ihrem Handeln erst herbei. Mark Fitzpatrick: «Indem sie solche weitreichenden Atomraketen entwickeln, malen sie sich selber eine Zielscheibe auf den Rücken. Bis jetzt haben die USA nie über einen Präventivschlag gegen Nordkorea gesprochen, jetzt ist davon ziemlich oft die Rede.»[2]

Mark Fitzpatrick ist nicht der einzige, der so argumentiert. Drei Monate vor dem Shangri-La Dialogue, im März 2017, treffe ich in Washington Robert L. Gallucci. Mit 71 Jahren eigentlich schon im Rentenalter, unterrichtet Gallucci an der Georgetown Universität Internationale Politik. Gallucci gehört zur kleinen Zunft der Nuklearstrategen. Ein ganzes Berufsleben lang hat er sich als Diplomat und Wissenschaftler mit Fragen der atomaren Rüstung und Abschreckung befasst. Das State Department schickte ihn als Sonderbeauftragten auf schwierige Missionen. Als 1994 zum ersten Mal der Atomstreit mit Nordkorea eskalierte, war er der Chefunterhändler der USA. Zwei Jahre später ging er als Dekan an die School of Foreign Service der Georgetown Universität.

An diesem Freitagmorgen regnet es in der amerikanischen Hauptstadt. Gallucci, der sich inzwischen einen grauen Bart hat wachsen lassen, kommt in Freizeitklamotten in die Universität, nach unserem Gespräch ist er zum Tennisspielen verabredet. Seit einem Vierteljahrhundert führt er Gespräche mit den Nordkoreanern. Wie wenige im Westen ist er mit ihrem Denken vertraut – und staunt doch immer wieder. Gallucci erzählt von einem sogenannten *Track-two*-Gespräch, an dem er im August 2016 in Malaysias Hauptstadt Kuala Lumpur teilgenommen hat. *Track-two* heißt: keine offiziellen Verhandlungen, man trifft sich informell. Am Tisch sitzen hochkarätige Akademiker und frühere Diplomaten, die genau wissen, wie die eigene Regierung denkt, und die den politisch Verantwortlichen in der Regel auch von den Ergebnissen ihrer Gespräche berichten.

In Kuala Lumpur habe er sein Gegenüber gefragt, ob er wirklich der Ansicht sei, eine Interkontinentalrakete in den Händen Nordkoreas sei ein «*game changer*», mit ihr beginne gleichsam ein neues strategisches Spiel? Absolut!, habe dieser erwidert. Ob er tatsächlich glaube, Amerika werde dadurch verwundbarer, habe er weiter gefragt. Natürlich!, habe der Nordkoreaner geantwortet. Darauf hat Gallucci ihm einen Kurzvortrag über den Kalten Krieg gehalten. Die Vereinigten Staaten hätten es damals mit der Sowjetunion zu tun gehabt. Die habe über fast 30 000 Atombomben verfügt, die sie von Land und von U-Booten aus mit Raketen Richtung Amerika hätte abfeuern oder aus Langstreckenbombern hätte abwerfen können. «Wir haben damit fünfzig Jahre lang gelebt», habe er dem Nordkoreaner erklärt, «wir haben gelernt, auf die Abschreckung zu vertrauen.» Und nun glaube Nordkorea, wenn es eines Tages über eine Interkontinentalrakete mit einem Nuklearsprengkopf verfüge, dann werde das die Vereinigten Staaten in Angst und Schrecken

versetzen? Aber, habe Gallucci hinzugefügt, das Spiel würde tatsächlich neuen Regeln folgen. «Etwas wird sich dramatisch ändern. Und das ist eure Verwundbarkeit. Nicht unsere!» [3]

Gallucci ist einer jener früheren amerikanischen Unterhändler, die bis heute den Dialog mit den Nordkoreanern suchen. Sie
haben ihre Büros in den führenden Denkfabriken Washingtons,
werden zu Anhörungen im US-Kongress eingeladen, schreiben
Aufsätze für außenpolitische Fachblätter und reisen zu Konferenzen rund um die Welt. Ihre Expertise ist gefragt, umso mehr,
je stärker die Spannungen zwischen Washington und Pjöngjang
wachsen. Sie alle sind der Meinung, mit Nordkorea müsse gesprochen werden, das Regime Kim Jong Uns agiere keineswegs
irrational. Deshalb teilen sie die Kritik an der «strategischen Geduld», mit der Barack Obama das Problem Nordkorea auf die
lange Bank geschoben habe.

Das gilt auch für Joel S. Wit. Mitte der neunziger Jahre arbeitete er eng mit Robert Gallucci zusammen bei dem Versuch, die
erste große nordkoreanische Nuklearkrise zu lösen. Auch er gehört zu den außen- und sicherheitspolitischen Vordenkern, die
in Amerika zwischen Regierungsamt und Forschungstätigkeit
an Universitäten oder Denkfabriken hin und her wechseln. Ihr
Reichtum an Wissen und praktischer Erfahrung macht sie zu ge-
fragten Gesprächspartnern und gibt ihrem Urteil Gewicht. Die
School of Advanced International Studies der Johns Hopkins
Universität an Washingtons Massachusetts Avenue zählt zu den
vornehmsten Adressen der außenpolitischen Forschung in den
USA. Hier, am Institut für Koreastudien, arbeitet Joel S. Wit
als Senior Fellow. Mit seinen Kollegen betreut er die Website
38north[4], deren Analysen längst unverzichtbar geworden sind
für jeden, der sich mit Nordkorea beschäftigt.

Wie Gallucci ist Wit ein liberaler Kopf. Und wie dieser geht
er scharf mit der Nordkoreapolitik Obamas ins Gericht. Ein
«totaler Fehlschlag» sei diese gewesen. Obama und seine Regierung seien zu dem Schluss gekommen, mit der Führung in

Pjöngjang sei – anders als mit den Iranern – nicht zu verhandeln. Wegen mangelnder Erfolgsaussichten hätten sie das Gespräch erst gar nicht gesucht und stattdessen lieber nach den «niedrig hängenden Früchten» in Teheran gegriffen. Aber die Annahme, mit den Nordkoreanern könne man nicht sprechen, sei falsch. «Es ist ein Mythos, dass sie irrational handeln. Das stimmt einfach nicht.»

Die Verhandlungen der Regierung Clinton, glaubt Wit, hätten dies gezeigt. Das Rahmenabkommen (*Agreed Framework*), auf das sich beide Seiten 1994 verständigten, habe verhindert, dass die Nordkoreaner bis zum Jahr 2000 «Hunderte von Atomwaffen» produzierten. «2002, als das Abkommen platzte, hatten sie nuklearwaffenfähiges Material für weniger als fünf Bomben. Und erst damals begannen sie mit der Anreicherung von Uran.» Nein, zu glauben, man könne mit ihnen nicht verhandeln, sei und bleibe ein Irrtum.[5]

Es gibt andere Experten, die diese Sicht ganz und gar nicht teilen. Die vielmehr der Ansicht sind, Nordkorea habe in den Verhandlungen damals gelogen und betrogen, es sei trotz amerikanischer Bereitschaft zur Hilfe beim Bau ziviler Kernkraftwerke nie bereit gewesen, das eigene Waffenprogramm aufzugeben. Und vieles spricht dafür, dass diese Kritik stimmt. Trotzdem haben Gallucci und Wit in einem entscheidenden Punkt recht: Die Regierung Obama hat das Problem Nordkorea liegen lassen. Sie hat, als sich die Atom- und Raketentests häuften, allein auf Sanktionen gesetzt, wohl wissend, dass China, Nordkoreas mit Abstand wichtigster Handelspartner, den Druck nicht so weit steigern würde, dass es das nordkoreanische Regime damit in ernsthafte Bedrängnis brächte.

Sanktionen allein, das steht für Joel S. Wit fest, werden Nordkorea nie einlenken lassen. Es müsse auch die Bereitschaft zum Dialog geben. Präsident und Außenminister müssten dies zu ihrer Sache machen, so wie John Kerry und Barack Obama es im Falle Iran getan hätten. Man könne die Verantwortung auch nicht den Chinesen zuschieben. Nordkorea wolle von Amerika anerkannt werden, wolle folglich auch mit den Amerikanern verhandeln. «Alle Straßen führen nach Washington», resümiert Joel S. Wit.

Nur finden die Politiker dort seit Jahren keinen Weg aus der Nordkoreakrise. Die ganze Vergeblichkeit der bisherigen Anstrengungen spiegelt sich in einem Bericht, den der Council on Foreign Relations im Herbst 2016 vorlegt.[6] Der Council ist der traditionsreichste amerikanische Thinktank. Von Zeit zu Zeit lädt er Experten ein, zu einem wichtigen außen- und sicherheitspolitischen Thema Empfehlungen an die US-Regierung zu formulieren. Die Nordkoreakenner, die der Council diesmal zusammengerufen hat, fordern von Washington einen grundlegenden Kurswechsel. Der seit Jahrzehnten wiederkehrende Zyklus von Provokation und Nachgeben müsse endlich ein Ende haben.

Insbesondere müssten die Vereinigten Staaten den Druck auf China erhöhen, ohne dessen Hilfe Nordkorea nie zu einer Bedrohung für Amerika hätte werden können. Die USA, Südkorea und Japan sollten ihre militärische Zusammenarbeit intensivieren und eine gemeinsame Abschreckungsstrategie entwickeln. Dem Wunsch der Nordkoreaner nach Sicherheitsgarantien könne man durch Gespräche über einen Friedensvertrag zwar durchaus entsprechen, aber Vorbedingung für Verhandlungen müsse eine «vollständige, verifizierbare und irreversible Entnuklearisierung» sein. Auf dem Wege dahin könne man sich auch ein vorübergehendes Einfrieren der nordkoreanischen Bestände an spaltbarem Material vorstellen. Ziel müsse aber ein vollständiger Verzicht auf Atomwaffen bleiben, daran dürfe nicht gerüttelt werden.

Immer wieder geht der Bericht auf die skandalösen Menschenrechtsverletzungen in Nordkorea ein. Die Botschaft: Es sei die Inhumanität des Regimes in Pjöngjang, die es so bedrohlich mache. Die USA wollten zwar nicht den Zusammenbruch des

Regimes herbeiführen, aber gemeinsam mit ihren Alliierten, mit den Vereinten Nationen und mit Nichtregierungsorganisationen müssten sie Nordkorea stärker unter Druck setzen, die Rechte seiner Bürger zu achten. Es gelte, sich «auf den Tag vorzubereiten, an dem die schlimmsten Übeltäter zur Verantwortung gezogen werden».

Auch ein militärisches Eingreifen schließt der Bericht des Council nicht aus. In der Sprache der Experten: «Gegenwärtig ist es nicht die Politik der US-Regierung, den Kollaps des nordkoreanischen Regimes herbeizuführen. Wenn Nordkorea aber seine nuklearen Fähigkeiten weiter ausbaut, wenn es sich Verhandlungen verweigert, dann muss die US-Regierung gemeinsam mit ihren Alliierten die Gesamtstrategie dem Regime gegenüber neu bewerten. Und sie muss nachdrückliche militärische und politische Aktionen in Erwägung ziehen, einschließlich solcher, welche die Existenz des Regimes und sein Atom- und Raketenarsenal direkt bedrohen.»

Der Council on Foreign Relations veröffentlichte seinen Bericht wenige Wochen bevor Donald Trump zum Präsidenten gewählt wurde. Trump hatte Nordkoreas Führer Kim Jong Un im Wahlkampf zwar einen «Verrückten» genannt, zugleich aber angekündigt, er würde sich mit Kim jederzeit «auf einen Hamburger» treffen. Nach der Wahl war davon allerdings schon bald keine Rede mehr. Dabei hatte es im November 2016 von nordkoreanischer Seite Signale gegeben, man wolle mit der neuen Administration den Dialog suchen. Es werde deshalb in der Übergangszeit zwischen Obama und Trump keine weiteren Atom- und Raketentests geben. Ob ernst gemeint oder nicht – einige Wochen lang blieb es tatsächlich ruhig an den Abschussrampen, von denen aus bis dahin allein im Jahr 2016 nicht weniger als 24 Raketen unterschiedlicher Reichweite abgefeuert worden waren.

Mit der Ruhe war es jedoch rasch wieder vorbei. In seiner Neujahrsansprache, traditionell von Nordkoreas Führern für programmatische Ankündigungen genutzt, verkündete Kim Jong Un, die Vorbereitungen für den Test einer Interkontinentalrakete befänden sich in der «Endphase». Woraufhin Donald Trump lakonisch twitterte: «It won't happen!» – dazu werde es nicht kommen. Wie er die Nordkoreaner an der weiteren Entwicklung ihres Raketenarsenals hindern wollte, schrieb Trump nicht.

Aber schon wenige Wochen, nachdem er sein Amt angetreten hatte, ließ der neue US-Präsident eine umfassende *policy review* zu Nordkorea in Auftrag geben. Bei dieser Überprüfung der amerikanischen Nordkoreapolitik, an der sich unter Führung des Nationalen Sicherheitsrates alle zuständigen Ministerien und die Geheimdienste beteiligten, wurden die Handlungsmöglichkeiten Punkt für Punkt durchgegangen: Direkte Gespräche mit Pjöngjang? Verschärfte Sanktionen mit oder ohne Dialogangebot? Die erneute Stationierung taktischer Nuklearwaffen in Südkorea, die Anfang der neunziger Jahre abgezogen worden waren? Militärschläge?

Über all diese Optionen wird in den amerikanischen Denkfabriken seit Jahren diskutiert. Die Falken in Washington treibt die endlose Debatte zur Weißglut. Ein Vierteljahrhundert lang habe Nordkorea die Vereinigten Staaten und Südkorea zum Narren gehalten, kritisieren sie. Ein halbes Dutzend Vereinbarungen zur nuklearen Abrüstung habe Pjöngjang unterschrieben und dann wieder zerrissen. Die Regierungen in Washington und Seoul aber hätten den Norden gewähren lassen, hätten auf friedlichen Wandel gesetzt und wirtschaftlich sowie humanitär geholfen. Alles vergeblich! Es sei an der Zeit, entschieden zu handeln.

Donald Trump hat zwar im Wahlkampf Gesprächsbereitschaft signalisiert, im Amt aber demonstrierte er Härte. Wie in jedem Jahr so fanden auch 2017 von Anfang März bis Ende April wieder die Großmanöver «Foal Eagle» und «Key Resolve» statt. Insgesamt 320 000 südkoreanische und amerikanische Soldaten nahmen daran teil. Tarnkappenbomber flogen durch den Luftraum über der Halbinsel; von Singapur aus nahm der atomgetriebene Flugzeugträger USS Carl Vinson, der erst mit Ziel Australien ausgelaufen war, Kurs Richtung Korea; U-Boote mit Nuklearraketen pflügten vor Südkoreas Küsten durch das Meer. Aus Sicht Pjöngjangs hatten die Manöver auch in diesem Jahr nur einen einzigen Zweck: Die USA und Südkorea probten die Invasion Nordkoreas. Und im August 2017 führten die beiden Alliierten wie immer ihr Manöver *«Ulchi Freedom Guardian»* durch, unbeeindruckt von der Drohung des Nordens, Raketen in die Küstengewässer der Pazifikinsel Guam mit ihren großen amerikanischen Militärstützpunkten abzufeuern.

Was das Regime in Pjöngjang besonders provoziert, sind die «Enthauptungsschläge», die südkoreanische Spezialeinheiten bei diesen Manövern proben. Sie sollen im Kriegsfall die politische und militärische Führung Nordkoreas treffen, vor allem Kim Jong Un selbst. Der Elitetruppe gehören bis zu 2000 Soldaten an. Ursprünglich für das Jahr 2019 geplant, wurde die Aufstellung der Einheit wegen der Spannungen auf der Halbinsel um zwei Jahre vorgezogen.[7] Für Robert Einhorn von der Brookings Institution, ehemals Berater von Außenministerin Hillary Clinton, begibt sich Südkoreas Militär mit dem Gerede über Enthauptungsschläge auf das «schändliche Niveau» der nordkoreanischen Kriegsrhetorik. Denn ein Enthauptungsschlag, das sei ganz wörtlich zu nehmen: Es gehe darum den Führer zu finden und ihn auszuschalten, «wahrscheinlich indem man ihn tötet». Ein Klima für Gespräche schaffe man mit solchen Übungen jedenfalls nicht.[8]

Auch Donald Trump will keinen Krieg im Fernen Osten. Mehr als jeder amerikanische Präsident vor ihm setzt er bei der Lösung des Nordkoreakonflikts auf China. Tatsächlich hat kein Land in Pjöngjang mehr Einfluss als die Volksrepublik. Im April 2017 empfing Trump den chinesischen Staats- und Parteichef Xi Jinping in seinem luxuriösen Golfclub Mar-a-Lago in Florida.

Insgesamt sieben Stunden lang saßen sie zusammen. Die Chemie zwischen ihnen stimmte, wie beide Seiten hinterher übereinstimmend berichteten.

Und das, obwohl Trump seinem Gast beim Dinner mitteilte, er habe soeben den Befehl zum Abschuss von 59 Marschflugkörpern im fernen Syrien gegen einen Luftwaffenstützpunkt des Assad-Regimes gegeben. Xi ließ sich die Nachricht zweimal übersetzen, um sicherzugehen, dass er richtig verstanden hatte. Trump sagte nicht, so werde er es notfalls auch mit Nordkorea machen. Doch die Botschaft schwang mit, und Xi brauchte keinen Dolmetscher, um sie zu verstehen. Aus der Ruhe bringen ließ sich Xi durch den diplomatischen Affront nicht. Im Gegenteil, es gelang ihm, dem US-Präsidenten die chinesische Sicht auf den Konflikt mit Nordkorea näher zu bringen. Trump jedenfalls gestand hinterher ein, erst jetzt so richtig begriffen zu haben, wie kompliziert das alles sei mit Nordkorea.

Aber seine Hoffnungen ruhten weiterhin auf den Chinesen. Sie sollten ihren politischen und wirtschaftlichen Druck auf Kim Jong Un verstärken. China jedoch will eines um jeden Preis vermeiden: einen Kollaps des Regimes in Pjöngjang, Chaos im Nachbarland und eine mögliche Wiedervereinigung unter südkoreanischer Führung – und damit einen engen Verbündeten der Vereinigten Staaten an den eigenen Grenzen. Es sind diese grundsätzlichen Interessengegensätze, die zwischen Washington und Peking kein «strategisches Vertrauen» entstehen lassen. Das aber wäre die Voraussetzung für ein gemeinsames Vorgehen gegen Kim.

«Nordkorea legt es auf Ärger an», hatte Donald Trump im April 2017 verkündet. «Wenn China uns hilft, wäre das großartig. Ansonsten lösen wir das Problem ohne sie.» Zwei Monate später twitterte er, dass er die Bemühungen Xi Jinpings schätze. Aber: «Es hat nicht funktioniert. Wenigstens weiß ich, dass China es versucht hat!»

In Fernost standen die Zeichen auf Konfrontation.

2. Aufrüsten, um politisch zu überleben

Warum legt sich Nordkorea mit der ganzen Welt an? Warum fordert es die Supermacht Amerika heraus? Warum provoziert es China, den einzigen Partner, der ihm geblieben ist? Warum gönnt dieses bettelarme Land dem eigenen Volk nicht ein wenig Wohlstand, sondern steckt stattdessen Abermilliarden in die atomare Rüstung? Weil, so die plausibelste Antwort, das Regime glaubt, nur als Nuklearmacht politisch überleben zu können. Wer sich nicht verteidigen kann, der ist verloren – an diesem ehernen Glaubenssatz hält die Familie Kim nun schon in dritter Generation fest. Also rüstet sie auf, um jeden Preis.

Im Club der Atommächte ist Nordkorea der halbstarke Rüpel, der sich an keine Regeln hält und dem sein Ruf egal ist. In diesen Club wird nicht hineingelassen, wer höflich anklopft. Am besten bricht man die Tür auf, so haben es auch Indien, Pakistan und Israel getan und sich einen Teufel um den Atomwaffensperrvertrag geschert, der die Zahl der Clubmitglieder auf fünf (USA, Russland, Großbritannien, Frankreich, China) beschränken wollte. Die in Pjöngjang herrschenden National-Stalinisten haben jedenfalls nicht auf eine Einladung gewartet. Sie haben schon vor Jahrzehnten begonnen, heimlich an der Bombe zu basteln. Nun haben sie es geschafft, sie sind eine Atommacht, und kein Geld und gutes Zureden wird sie bewegen, das Erreichte aufzugeben.

Über wie viele Atombomben das Land inzwischen verfügt, weiß außerhalb Nordkoreas niemand genau. Nach seriösen Schätzungen dürften es gut zwanzig sein. Die südkoreanische Tageszeitung *JoongAng Ilbo* veröffentlichte im Februar 2017 Erkenntnisse südkoreanischer und amerikanischer Geheimdienste, wonach der Norden in der Lage sei, bis zu sechzig Sprengsätze zu bauen. Dieser Zahl lagen Schätzungen des vorhandenen spaltbaren Materials zugrunde: Das Regime verfüge über 758 Kilogramm an hoch angereichertem Uran und 54 Kilogramm Plutonium, mutmaßten die Dienste. Etwa 16 bis 20 Kilogramm hoch angereichertes Uran oder sechs Kilogramm Plutonium reichen zum Bau einer Bombe.

Andere Nachrichtendienste sprechen von etwa 40 Kilogramm Plutonium. Mutmaßungen über die Bestände an hoch angereichertem Uran gelten als besonders spekulativ. Schätzungen reichen von 75 bis zu 320 Kilogramm. Als sicher gilt, dass Nordkorea mehr Kernwaffen auf Uran- als auf Plutoniumbasis gebaut hat. Auch scheint die Uran-Anreicherungsanlage in Yongbyon, hundert Kilometer nördlich von Pjöngjang, nicht die einzige zu sein. Zentrifugen drehen sich offenbar noch an einem anderen Ort. «Ich gehe von einer zweiten Anlage aus, schließe eine dritte nicht aus», sagt ein Geheimdienstexperte.

Einen sehr detaillierten Überblick zu den nuklearen Fähigkeiten Nordkoreas legte im April 2017 der angesehene amerikanische Atomwaffenexperte David Albright vom Institute for Science and International Security in Washington vor.[9] Auch Albright geht von einer geheimen zweiten Urananreicherungsanlage an einem unbekannten Ort aus, hält aber die Beweise noch nicht für ausreichend genug. Deshalb haben seine Schätzungen, wie viel spaltbares Material für den Bombenbau zur Verfügung steht, auch eine sehr große Bandbreite. Sie reicht von 175 bis 645 Kilogramm waffenfähigem Uran. Die Menge verfügbaren Plutoniums schätzt Albright auf 33 Kilogramm. Nach seiner Analyse hätte Nordkorea zum Ende des Jahres 2016 somit 13 bis 30 Atombomben bauen können. Jahr für Jahr könnten, so schätzt Albright, drei bis fünf Bomben dazukommen. Für das Jahr 2020 erwartet er einen Bestand von 25 bis 50 Nuklearwaffen.

Aber Atomsprengköpfe müssen auch ins Ziel transportiert werden. So hat das Land eine Rakete nach der anderen getestet, mit kurzer, mittlerer und langer Reichweite. Zum ersten Mal hat Nordkorea im Juli 2017 auch zwei Interkontinentalraketen im Flug erprobt. Schon in seiner Neujahrsansprache 2017 hatte

Kim Jong Un verkündet, bei der Entwicklung von Interkontinentalraketen in der «Endphase» zu sein. Viele im Westen zweifelten damals an seinen Worten, aber wie sich zeigte, hatte Kim keineswegs übertrieben. Die rote Linie, welche die Amerikaner in der Auseinandersetzung mit ihm gezogen hatten, überschritt er kaltblütig und in atemberaubendem Tempo. Nordkorea verfügt jetzt über eine Rakete, mit der es die Vereinigten Staaten direkt angreifen kann.

Vor nicht allzu langer Zeit noch wäre das kaum vorstellbar gewesen. Dabei hatte sich im Laufe der Jahre gezeigt, dass man Nordkoreas Wissenschaftler und Ingenieure nicht unterschätzen darf. «Wir können uns nicht darauf verlassen, dass technische Schwierigkeiten die Nordkoreaner stoppen werden», war im Dezember 2016 bei der Nato zu hören. «Allen Fehlschlägen zum Trotz waren sie bisher unglaublich erfolgreich. Dafür, dass sie vom Rest der Welt weithin abgeschnitten sind, haben Nordkoreas Wirtschaft und Gesellschaft Erstaunliches geleistet.» Eine realistische Einschätzung, wie sich spätestens im Sommer 2017 zeigen sollte.

Der Beginn des nordkoreanischen Atomprogramms reicht bis in die frühen fünfziger Jahre zurück. Kim Il Sung, der mit sowjetischer Unterstützung 1948 als Regierungschef der neu gegründeten Demokratischen Volksrepublik Korea in Pjöngjang die Macht übernommen hatte, lernte rasch, zwischen den beiden kommunistischen Großmächten China und Sowjetunion zu lavieren. Wie kein zweiter Staatschef im sozialistischen Lager verstand er es, sich die Führung in Peking wie in Moskau geneigt zu machen und beide, wenn ihm dies nützlich erschien, gegeneinander auszuspielen. In der Zeit des Kalten Krieges waren die Atomwaffen die härteste Währung – nicht nur im Ost-West-Konflikt, sondern auch in der Rivalität zwischen den sowjetischen und den chinesischen Kommunisten. Schon früh dürfte Kim Il Sung mit dem Gedanken gespielt haben, sich eine eigene Atomstreitkraft zuzulegen.

Die erste Generation von Nordkoreas Atomwissenschaftlern hatte in den dreißiger Jahren an japanischen Universitäten studiert. Nach dem Ende des Pazifischen Krieges war sie in ihre Heimat zurückgekehrt. In den fünfziger Jahren gingen die Nachwuchsforscher dann in die Sowjetunion. Im Februar 1956 wurde in Dubna nahe Moskau das Gemeinsame Institut für Nuklearforschung gegründet, in dem Forscher aus allen sozialistischen Staaten arbeiteten; Nordkorea gehörte zu den Gründungsmitgliedern. Zwischen 250 und 300 nordkoreanische Wissenschaftler sollen in Dubna ausgebildet worden seien. Unter ihnen war auch Seo Sang-kuk, der spätere Direktor des Fachbereichs Physik an der Kim-Il-Sung-Universität, der als Vater des nordkoreanischen Atomwaffenprogramms gilt.[10]

Kim Il Sung ging es zunächst vor allem um die friedliche Nutzung der Kernenergie. Entsprechende Abkommen zur Kooperation mit der Sowjetunion unterzeichneten die beiden Regierungen im März und im September 1956. Eine weitere Vereinbarung im September 1959 schuf die Grundlage für den Bau des Nuklearzentrums in Yongbyon, bis heute der Hauptstandort des nordkoreanischen Atomwaffenprogramms. Der sowjetische Code-Name für das streng bewachte Gelände war «Objekt 9559», die Nordkoreaner sprachen von der «Möbelfabrik».[11]

China hat, soweit bekannt, die nordkoreanische Atomforschung kaum unterstützt. Peking zeigte sich in dieser Frage Pjöngjang gegenüber genauso zugeknöpft wie zuvor Moskau gegenüber den chinesischen Genossen. Der Streit um die mangelnde Unterstützung der Sowjetunion für das Atomwaffenprogramm Chinas war neben den ideologischen Spannungen der Hauptgrund für den Bruch zwischen Peking und Moskau Anfang der sechziger Jahre. Am 16. Oktober 1964 zündete die Volksrepublik China auf dem Testgelände Lop Nor in der Autonomen Region Xinjiang ihren ersten nuklearen Sprengsatz.

Um im Ringen der beiden kommunistischen Giganten nicht unter die Räder zu kommen, setzte Kim Il Sung auf eine Politik der Eigenständigkeit. Im Zweifel, davon war er überzeugt, werde sich Nordkorea nur auf die eigenen Kräfte verlassen können. Ohne Kernwaffen wäre seine Herrschaft in ständiger Gefahr. Hinzu kam, dass die Amerikaner 1958 begannen, in Südkorea taktische Atomwaffen zu stationieren. Diese richteten sich sowohl gegen Nordkorea als auch gegen China und die Sowjetunion. 1972 lagerten in Südkorea 763 amerikanische Kernwaffen. Dann begann ihre Zahl langsam zu sinken, bis Präsident George H. W. Bush 1991 entschied, die letzten hundert Waffen abzuziehen.[12]

Während Amerika seine Bomben von der Halbinsel fortschaffte und hart dazwischen fuhr, als Südkoreas Militärdiktator Park Chung Hee still und leise ein eigenes Kernwaffenprogramm auf den Weg bringen wollte, schuf der Norden Schritt für Schritt die Grundlagen für sein atomares Arsenal. Wie weit er damit gekommen war, zeigte sich Anfang der neunziger Jahre. Ende Februar 1993 erklärte CIA-Direktor James Woolsey unter Hinweis auf russische Geheimdienstberichte, Nordkorea verfüge über genügend Plutonium zum Bau einer Atombombe. Zur selben Zeit eskalierte ein Streit zwischen Nordkorea und der Internationalen Atomenergiebehörde (IAEA) in Wien. Sechsmal hatten die IAEA-Experten im Jahr zuvor die nordkoreanischen Atomanlagen inspiziert, nachdem Pjöngjang im Januar 1992 endlich ein Kontrollabkommen mit der Wiener Behörde geschlossen hatte.

Die Nordkoreaner hatten den Inspektoren eine hundert Seiten dicke Inventarliste mit detaillierten Angaben über ihr ziviles Atomprogramm überreicht. Mit dieser Liste in der Hand machten sich die IAEA-Experten an die Arbeit. Zwischen den offiziellen Daten und ihren eigenen Messungen und Laboranalysen stellten sie bei dem untersuchten spaltbaren Material «wesentliche Differenzen in Qualität und Quantität» fest. Allem Anschein nach hatte Nordkorea mehr Plutonium produziert, als es zugeben wollte. Hans Blix, der Generaldirektor der IAEA, wollte Gewissheit und verlangte Zugang zu den Lagerplätzen für radioaktive Abfälle in Yongbyon. Aber den Inspektoren blieb der Zugang versperrt. Als der Gouverneursrat der IAEA den Nordkoreanern eine Frist von einem Monat setzte, keilte das Parteiorgan *Rodong Sinmun* zurück: «Wenn uns ‹Sonderinspektionen› oder ‹Sanktionen› aufgezwungen werden und die heilige Erde unseres Landes durch die Großmächte verletzt wird, dann stürzt dieses ganze Land, Nord und Süd, in den Holocaust des Krieges.» Voller Wut kündigte Nordkorea beim UN-Sicherheitsrat seine Mitgliedschaft im Atomwaffensperrvertrag auf, dem es erst 1985 auf Druck der Sowjetunion beigetreten war. Ein Schritt, den es wenig später wieder revidierte; es «suspendierte» die Mitgliedschaft nun lediglich.[13]

Dieses Muster sollte sich von nun an Jahr für Jahr wiederholen. Nordkorea schlug Türen zu, um sie dann wieder zu öffnen. Es wehrte sich gegen Beweise, bis die Fakten nicht länger zu leugnen waren. Es tanzte allen auf der Nase herum: den Vereinten Nationen, der Internationalen Atomenergiebehörde, den Amerikanern, den Chinesen. Und so spitzte sich der Streit um sein Atomprogramm 1994 zu. In Washington forderten der republikanische Senator John McCain und der ehemalige Sicherheitsberater Brent Scowcroft einen Militärschlag gegen die Nuklearanlage in Yongbyon. Wie der damalige nationale Verteidigungsminister William J. Perry später einräumen sollte, dachte die Regierung in Washington tatsächlich an einen Präventivangriff.

Dann betritt im Sommer 1994, unerwartet und ungebeten, Jimmy Carter die Szene. An einem warmen Junitag steht der frühere US-Präsident im Garten des amerikanischen Botschafters in Seoul. Wenige Stunden zuvor ist er aus Pjöngjang zurückgekehrt, wo er den inzwischen 82 Jahre alten Kim Il Sung getroffen hat. Die Botschaft hat eilig einige Journalisten zusammengerufen; auch ich, gerade auf Recherche in Seoul, habe einen Anruf bekommen. Erschöpft und sehr bewegt berichtet Carter, es zeichne sich eine Lösung für die gefährliche Nuklearkrise ab. Kim hoffe, dass «ohne Verzögerung durch Streitereien zwischen untergeordneten Beamten» ein Gipfeltreffen mit dem südkoreanischen Präsidenten Kim Young Sam anberaumt werden könne. Verblüffte Mienen bei den Presseleuten: Ist dem «Privatmann» aus Atlanta gelungen, woran alle Diplomatie seit Monaten gescheitert war? Hat er Kim tatsächlich zur Vernunft gebracht? Oder verdrängt der Träumer Carter die widrige Wirklichkeit?

Die Regierung in Washington ist nicht glücklich über die Mission des Ex-Präsidenten. In ihrem Auftrag ist er nicht nach Pjöngjang gereist. Dort hat er auch sogleich für Verwirrung gesorgt: Die Amerikaner, teilte er Kim Il Sung mit, hätten ihre Bemühungen um einen Sanktionsbeschluss der Vereinten Nationen zurückgestellt. Das Weiße Haus dementierte sofort, und die Konsultationen im UN-Hauptquartier gingen weiter.

In Seoul bleibt Jimmy Carter dabei: Sanktionen seien in einer auf Autarkie ausgerichteten Gesellschaft wie der nordkoreanischen wirkungslos. Eine UN-Resolution würden die Nordkoreaner als «Beleidigung ihrer Nation» empfinden und «als eine persönliche Kränkung ihres ‹Großen Führers›, der damit als Lügner und Krimineller an den Pranger gestellt würde. Meiner Meinung nach könnten die Nordkoreaner dies unmöglich akzeptieren.» Ist Jimmy Carter dem Charme des greisen Diktators erlegen?, überlege ich, während ich Carter im Botschaftsgarten mustere. Das Volk, berichtet er, begegne Kim «mit Ehrerbietung», bei seinen Ministern genieße er, trotz «frank und freier Diskussionen», großes Ansehen. Kim Chang Soon, Leiter des Instituts für Nordkorea-Studien in Seoul, spottet später milde, Carter habe die Positionen Pjöngjangs wirklich «exzellent» vertreten. Jimmy Carter aber gibt sich unbeirrt. «Ich persönlich glaube, die Krise ist vorbei», sagt er bei seiner Rückkehr nach Washington.[14]

Wenige Tage später, am 8. Juli 1994, stirbt Kim Il Sung. Die Macht übernimmt sein Sohn Kim Jong Il.

Wie sich zeigt, war Jimmy Carters Optimismus nicht ganz unbegründet. Amerikanische und nordkoreanische Diplomaten handeln im Sommer und Herbst 1994 ein Rahmenabkommen *(Agreed Framework)* aus, das die Krise tatsächlich für eine Weile entschärft. Im Oktober 1994 unterzeichnen sie in Genf eine Vereinbarung, in der sich Nordkorea verpflichtet, sein Atomprogramm einzufrieren. Die alten graphitmoderierten Reaktoren, bei deren Betrieb massenhaft Plutonium abfällt, sollen stillgelegt, der Bau neuer Atommeiler gleichen Typs soll gestoppt werden. Das Land verzichtet auf die Wiederaufbereitung abgebrannter Brennstäbe, diese sollen außer Landes gebracht werden. Die Inspektoren der IAEA dürfen ihre Arbeit wieder aufnehmen. Im Gegenzug will Amerika den Nordkoreanern bis zum Jahr 2003 zwei Leichtwasser-Reaktoren mit einer Kapazität von je 1000 Megawatt liefern und jährlich 500 000 Tonnen schweres Heizöl herbeischaffen, um die Energieversorgung des Landes sicherzustellen.

Weil das Misstrauen zwischen beiden Ländern groß ist, haben sich die Unterhändler auf einen präzisen Zeitplan genau abgestimmter und sich gegenseitig bedingender Zusagen verständigt. Washington, das ist das übergeordnete politische Ziel des Abkommens, will das unberechenbare Regime in Pjöngjang aus seiner Isolation herausführen und als Unterzeichner des Atomwaffensperrvertrages in die Pflicht nehmen. Nordkorea wiederum braucht jede erreichbare finanzielle und technische Hilfe, um die Wirtschaftsnot im Land zu überwinden. Die Übereinkunft gründet also auf klaren Interessen beider Seiten. Doch acht Jahre später ist das Abkommen geplatzt.

Die Vereinigten Staaten hätten ihre Versprechen nicht eingehalten, lautet der Vorwurf aus Pjöngjang. Bei den Lieferungen sowohl des Öls als auch der Reaktoren sei es zu Verzögerungen gekommen, die allein Washington zu verantworten habe. Tatsächlich hat es auf amerikanischer Seite Lieferprobleme gegeben. Entscheidend aber war etwas anderes: Nordkorea wollte

sein Nuklearprogramm nie wirklich aufgeben. Unter Bruch der
Vereinbarung nimmt es heimlich die Plutoniumaufbereitung
wieder auf. Zu Silvester 2002 wirft es die Inspektoren der Internationalen Atomenergiebehörde aus dem Land. Am 10. Januar
2003 kündigt Nordkorea auch seine Mitgliedschaft im Atomwaffensperrvertrag auf. Drei Jahre später wird es den ersten un-
terirdischen Nuklearsprengsatz zünden.

Mit den Anschlägen auf das World Trade Center in New York
am 11. September 2001 ändert sich die globale strategische Situation grundlegend. In seiner Rede zur Lage der Nation am
29. Januar 2002 erklärt US-Präsident George W. Bush den Irak,
Iran und Nordkorea zur «Achse des Bösen». Vor den beiden
Häusern des Kongresses ruft er aus: «Die Vereinigten Staaten
von Amerika werden es den gefährlichsten Regimen der Welt
nicht gestatten, uns mit den verheerendsten Waffen der Welt zu
bedrohen.» Vor Kadetten der Militärakademie West Point sagt
er, notfalls müsse Amerika «die Schlacht zum Feind tragen».

Ein Jahr später tut Bush genau das: Er greift den Irak Saddam
Husseins an. Den Nordkoreanern liefert er damit einen weiteren Grund, die atomare Aufrüstung zu beschleunigen. Wochen-
lang hatte sich der «Geliebte Führer» Kim Jong Il während des
Irak-Krieges in Bunkern versteckt, aus Furcht, der nächste Angriff der USA könne ihm gelten. In Pjöngjang ist man sicher:
Wäre Saddam im Besitz von Atomwaffen gewesen, Amerika
hätte im Irak nicht interveniert. Bushs Eingreifen im Mitt-
leren Osten, lässt das Regime verbreiten, habe gezeigt, «die Sicherheit eines Landes und die Souveränität einer Nation» ließen
sich nur durch «machtvolle physische Abschreckungskraft» verteidigen.

Noch spekuliert die Welt: Beherrscht Nordkorea die Atom-
waffentechnologie wirklich? Am 3. Oktober 2006 veröffentlicht
das Außenministerium in Pjöngjang eine ominöse Erklärung:
«Auf der koreanischen Halbinsel herrscht heute eine bedroh-
liche Lage. Die höchsten Interessen und die Sicherheit unseres

Staates werden ernsthaft verletzt, unsere Nation steht an einem Scheideweg zwischen Leben und Tod. (…) Die extremen Drohungen der Vereinigten Staaten mit einem Atomkrieg, die Sanktionen und Manöver machen es uns unmöglich, nicht einen Nukleartest durchzuführen, eine notwendige Voraussetzung, um unsere nukleare Abschreckung sicherzustellen.»[15] Sechs Tage später, am 9. Oktober 2006 um 10.36 Ortszeit, explodiert eine Plutoniumbombe mit einer Sprengkraft von etwas weniger als einer Kilotonne. Kim Jong Il hat den Tabubruch gewagt. Jetzt gibt es keinen Weg mehr zurück, Nordkorea macht sich auf, der neunte Atomwaffenstaat zu werden.

Fünf weitere Nuklearversuche werden in den kommenden Jahren folgen, darunter auch solche mit hochangereichertem Uran, dem zweiten Weg zur Bombe. Parallel dazu testet Nordkorea in schneller Folge ballistische Raketen jeder Reichweite. 2008 bricht es die Sechs-Parteien-Gespräche ab, bei denen auf Initiative Pekings die USA und China, Russland und Japan fünf Jahre lang mit Nord- und Südkorea über die Denuklearisierung der Halbinsel verhandelten. Ein Schlüsseljahr wird 2016 – in Pjöngjang regiert inzwischen Kim Jong Un – mit zwei Atomtests und 24 Raketentests. Von einem «Weckruf» sprechen Experten in Washington und Seoul.

Sie sind auch deshalb alarmiert, weil die Nordkoreaner verkünden, sie hätten bei ihrem vierten Atomversuch am 6. Januar 2016 einen thermonuklearen Sprengsatz gezündet. Mit anderen Worten, Pjöngjang behauptet, Nordkorea verfüge inzwischen über die Wasserstoffbombe, die schrecklichste aller Massenvernichtungswaffen, in ihrer Zerstörungskraft weit größer als die Atombomben, die 1945 über Hiroshima und Nagasaki abgeworfen wurden. Messungen ergeben, dass die Sprengkraft für eine H-Bombe viel zu gering war. Aber die Ungewissheit bleibt, denn die tief unter Bergen liegenden Sprengkammern auf dem Testgelände von Punggye-ri, auf dem die Nordkoreaner alle ihre Versuche durchführen, sind so gut versiegelt, dass keine Gase austreten, anhand deren Zusammensetzung man bestimmen könnte, was für einen Sprengsatz die Nordkoreaner tatsächlich testeten. War es eine Wasserstoffbombe? «Mehr als unwahrscheinlich», sagt ein erfahrener Nachrichtendienstler. Wenn es ein H-Bomben-Versuch gewesen sein sollte, dann sei er schief gegangen.

Beim nächsten Mal klappte es. Als die Nordkoreaner am 3. September 2017 ihren sechsten Atomversuch durchführten, maßen seismographische Stationen rund um den Globus Erdstöße, die einem Beben der Stärke 6,3 entsprachen. Das ließ auf einen viel stärkeren Sprengsatz schließen als bei den früheren Tests. Nordkoreas Führung selbst verkündete stolz, der Versuch sei ein «perfekter Erfolg» gewesen.

Es war vor allem eine perfekte Provokation. Und sie forderte eher den chinesischen Staatspräsidenten Xi Jinping heraus als seinen amerikanischen Amtskollegen Donald Trump. Nicht nur, weil in chinesischen Städten die Häuser wackelten – das nordkoreanische Testgelände von Punggye-ri liegt nur siebzig Kilometer von der Grenze entfernt. Mehr noch, weil Xi Jinping just an diesem Tag einen Gipfel der Brics-Staaten eröffnete. Die Staatschefs Chinas, Russlands, Indiens, Brasiliens und Südafrikas verurteilten denn auch einmütig den Test Nordkoreas. Aber sie mahnten zu einer Lösung des Konflikts «auf friedlichem Wege und durch direkten Dialog aller Beteiligten».

Trump dagegen tobte. Und attackierte erst einmal die Südkoreaner, die doch bitte endlich begreifen sollten, dass sie mit ihrer Politik des «Appeasement» nicht weiter kämen. Die Regierung in Seoul reagierte auf den Atomtest allerdings durchaus nicht beschwichtigend. Sie setzte sofort ein Manöver an, in dem sie mit Kurzstreckenraketen einen Angriff auf das Testgelände Punggye-ri simulieren ließ. Der Verteidigungsminister kündigte an, die Präsenz amerikanischer Flugzeugträger und strategischer Bomber zu verstärken.

Ob Nordkorea wirklich über die Wasserstoffbombe verfügt,

die schlimmste Waffe, die der Mensch je erfunden hat? Am Ehrgeiz der Nordkoreaner hatten Experten im Westen schon lange keine Zweifel mehr. David Albright vom Institute for Science and International Security in Washington hatte bereits zuvor auf die im Atomzentrum Yongbyon gebaute Isotopentrennanlage hingewiesen, auf die dort laufende Produktion von Lithium 6 und auf Nordkoreas Interesse an Deuterium und Tritium. Alle diese Isotope werden zum Bau einer Wasserstoffbombe gebraucht.[16]

Die H-Bombe im Besitz der Nordkoreaner würde der Debatte um ihr Atomprogramm eine ganz neue Dimension geben. Anthony H. Cordesman vom Center for Strategic and International Studies (CSIS) in Washington, der normalerweise eher abwiegelt und rät, die militärischen Möglichkeiten Nordkoreas nicht zu überschätzen, hatte schon vor dem sechsten Atomversuch die Folgen angedeutet, sollte das Land wirklich in den Besitz einer H-Bombe kommen: «Krieg ist schrecklich genug mit 20-Kilotonnen-Waffen. (...) Waffen im Bereich von 500 Kilotonnen bis zu einer Megatonne aber sind von einer wahrhaft grauenerregenden Tödlichkeit.»[17]

Kim Jong Un ist keine dreißig Jahre alt, als er zum Erben des «Großen Führers» und des «Geliebten Führers» aufsteigt. Autorität bei den Generälen muss er sich erst erwerben. Gut möglich, dass Kim Jong Un das Atomprogramm deshalb besonders entschlossen vorantreibt. Der UN-Sicherheitsrat verhängt, auch mit der Stimme Chinas, immer schärfere Sanktionen, aber das scheint ihn wenig zu kümmern. Kim Jong Un rüstet umso aggressiver auf. Unter ihm erhalten die Atomwaffen sogar Verfassungsrang. Am 13. Mai 2012 beschließt die Oberste Volksversammlung eine Änderung des nordkoreanischen Grundgesetzes. In dessen Präambel heißt es nun: «Genosse Kim Jong Il hat unser Mutterland als unbesiegbare politische und ideologische Macht etabliert, als Nuklearnation und konkurrenzlose Militärmacht.»

Im Frühjahr 2013, als Reaktion auf die jährlichen amerikanisch-südkoreanischen Großmanöver, ruft Kim Jong Un unvermittelt den «Kriegszustand» aus. Er werde, droht er, Washington in ein «Flammenmeer» verwandeln, wenn die USA sein Land weiterhin bedrohten. So richtig ernst nehmen die Amerikaner den beleibten Jungdiktator nicht. Aber damit er nicht auf dumme Gedanken kommt, entschließen sie sich zu einer Demonstration modernster Kriegstechnik. Sie verlegen F-22-Kampfflugzeuge von Japan nach Südkorea. Vor der Küste wird ein schwimmender Riesenradar in Stellung gebracht, auch ein auf Raketenabwehr spezialisierter Zerstörer kreuzt jetzt dort. Vom US-Bundesstaat Missouri aus fliegen zwei B-2-Tarnkappenbomber nonstop zur koreanischen Halbinsel. Die Supermacht zeigt das Neueste und Bedrohlichste, was sie in ihrem Waffenarsenal hat.

Die Spannungen nehmen zu. Das ist auch in Seoul zu spüren. In der Hauptstadt Südkoreas haben die Menschen gelernt, mit der Gefahr aus dem Norden zu leben. Aber Politik und Militär nehmen genau wahr, dass mit Kim Jong Un eine neue Aggressivität in Pjöngjang eingezogen ist. Vielleicht speist sie sich aus Unsicherheit. Eines aber scheint festzustehen: Kim scheut kein Risiko.

Im Februar 2017 besuche ich Lee Sang Hwa, der in Seouls Außenministerium für das nordkoreanische Atomprogramm zuständig ist. Er hat sein Büro im Zentralen Regierungsgebäude gleich neben dem majestätischen Gwanghwamun-Tor im Stadtzentrum. Lee ist ein ungemein kenntnisreicher Diplomat, mit dem man alle Einzelheiten der Nuklearpolitik diskutieren kann. Die Nordkoreaner, sagt er, hätten im Jahr 2016 einen gewaltigen Sprung nach vorn gemacht. «Sie nähern sich der Zone der Immunität», machen sich also unangreifbar. «Sobald sie diese Zone erreicht haben, lässt sich die Entwicklung nicht mehr umkehren.»

Die Südkoreaner wollen in dieser Krise gehört werden. Schließlich ist dies ihr Land. Ihre Lage ist eine ganz andere als die der Amerikaner auf der anderen Seite des Pazifischen Ozeans. Nordkorea musste nicht erst eine Interkontinentalrakete entwickeln, um zur tödlichen Gefahr für den Süden zu werden. Lee Sang Hwa erzählt dazu eine Geschichte. Im November 2016 war Amerikas Botschafterin bei den Vereinten Nationen, Samantha Power, zum ersten Mal in Seoul. «Wir haben ihr empfohlen, sich die Demilitarisierte Zone an der Grenze zum Norden einmal mit eigenen Augen anzuschauen. Sie ist hingefahren, und als sie zurückkam, hatte sie ein Abendessen mit unserem Minister. Ich war auch dabei. Bei diesem Dinner erwähnte sie: ‹Ich verstehe nun, Herr Minister, warum Sie sagen, für uns Koreaner ist jeder Tag wie die Kubakrise.› Es sind nämlich nur drei oder vier Minuten, bis eine ballistische Rakete aus Nordkorea jeden beliebigen Teil Südkoreas erreicht, von Seoul ganz zu schweigen. So nahe ist das alles. Eine tägliche Kubakrise: Als sie nach New York zurückgekehrt war, hat Samantha Power diesen Ausdruck benutzt, um zu erklären, wie ernst die atomare Bedrohung aus Nordkorea ist.»[18]

Ein Jahr später braucht niemand mehr den Vergleich mit der Kubakrise, um zu verstehen, was in Ostasien auf dem Spiel steht. Kim Jong Un hat Rakete um Rakete getestet. Mit seinen Interkontinentalgeschossen fordert er Amerika direkt heraus. Und dessen neuer Präsident antwortet mit der Androhung von «fire and fury». Der Streit um das nordkoreanische Atomprogramm ist endgültig zum gefährlichsten Konflikt der Gegenwart eskaliert.

3. Ruf nach Amerikas Anerkennung

Wenn Nordkorea es knallen lässt, dann kann der Zeitpunkt nicht symbolträchtig genug sein. Der Geburtstag entweder des «Großen Führers» Kim Il Sung oder des «Geliebten Führers» Kim Jong Il, eine wichtige internationale Konferenz oder der Nationalfeiertag eines besonders verhassten Feindes – wie ein Muster ziehen sich solche Anlässe durch die Serie der Atomwaffen- und Raketenversuche. Kein Wunder also, dass Kim Jong Un den Probeflug der ersten Interkontinentalrakete auf den 4. Juli 2017 legte, den Tag, an dem Amerika seine Unabhängigkeit feiert. *Fourth of July*: Was für ein schönes Datum, um die nordkoreanische Ingenieurskunst zu feiern. Und was für eine herrliche Provokation. Eine ICBM, die einen Atomsprengkopf bis nach Kalifornien tragen kann, ist für Washington die rote Linie, die das Regime in Pjöngjang besser nicht überschreiten sollte.

Ob aber die Rakete, die am 4. Juli 2017 nach einem Steilflug ins All 930 Kilometer von Nordkoreas Küste entfernt ins Japanische Meer (Koreaner in Nord und Süd sprechen lieber vom «Ostmeer») stürzte, funktionsfähig war; ob sie einen Atomsprengkopf hätte tragen können; ob ein solcher Sprengkopf dann auch den Wiedereintritt in die Atmosphäre und die dabei entstehende höllische Hitze überstehen würde, darüber stritten die Experten. Am Adressaten allerdings konnte es keinen Zweifel geben: den Vereinigten Staaten von Amerika. Von ihnen fühlen sich die Herrschenden in Pjöngjang bedroht, von ihnen wollen sie respektiert werden, nach ihrer Aufmerksamkeit dürsten sie.

Offiziell befinden sich Nordkorea und die USA noch heute im Kriegszustand. Denn der Koreakrieg von 1950 bis 1953, der die Halbinsel verwüstete, in dem die Amerikaner mehr Bomben über dem Norden abwarfen als im Zweiten Weltkrieg über ganz Asien, in dem sie selbst 33 692 Soldaten verloren, ging nie mit einem Friedensvertrag, sondern lediglich mit einem Waffenstillstandsabkommen zu Ende. In den USA kümmert dies niemanden mehr. In Nordkorea aber bleibt es eine schmerzende Wunde. Wenn es um den Frieden und die Sicherheit der Halbinsel geht, sind für Pjöngjang nicht die Südkoreaner – «Lakaien des US-Imperialismus» – die eigentlichen Ansprechpartner, sondern die Amerikaner. Mit ihnen möchte man von gleich zu gleich verhandeln. Dass ihnen dieser Wunsch verweigert wird, kränkt sie sehr.

Die Gefahr, die von Amerika ausgeht, gilt den Nordkoreanern als real. Den perfiden Yankees trauen sie jede Schandtat
zu. Ständig werden die Massen mobilisiert, den Imperialisten
gegenüber auf der Hut zu sein. Der zeitweise geradezu hyste-
rische Anti-Amerikanismus ist wesentlicher Bestandteil der
nordkoreanischen Ideologie, der damit verbundene «paranoide
Nationalismus» (B. R. Myers) ein für die Kim-Dynastie unver-
zichtbares Herrschaftsinstrument.[19]

Das Regime in Pjöngjang ist überzeugt, allein atomare Abschreckung habe es bisher vor dem Schicksal Saddam Husseins
und Muammar al-Gaddafis bewahrt. Der amerikanische Atomwissenschaftler Siegfried S. Hecker beschreibt, wie er nach dem
Sturz Saddams bei seinem ersten Besuch in Nordkorea durch
das Allerheiligste der Atomindustrie geführt wurde. «In einer
sorgfältig choreographierten Tour ging es im Januar 2004 durch
den Atomkomplex Yongbyon. Pjöngjang gestattete mir einen
bemerkenswerten Zugang zu den Nuklearanlagen und den
Atomwissenschaftlern. Man erlaubte mir sogar, knapp ein halbes Pfund Bombenmaterial aus Plutonium in die Hand zu nehmen (in einem fest verschlossenen Konservenglas). Alles, um
mich zu überzeugen, dass sie über ‹Abschreckung› verfügten.»[20]
Als Augenzeuge, so die Absicht der Nordkoreaner, sollte Hecker in Washington mit seinem Bericht jeden Zweifel ausräumen: Nordkorea hat die Bombe.

Eine Hassliebe verbindet Nordkorea mit den USA. Auf der
einen Seite lernen nordkoreanische Schulkinder das Konju-
gieren von Verben in der Vergangenheits-, Gegenwarts- und Zu-
kunftsform an Beispielen wie: «Wir töteten Amerikaner.» – «Wir
töten Amerikaner.» – «Wir werden Amerikaner töten.»[21] Auf
der anderen Seite sind die Vereinigten Staaten selbst für die
oberste Führung ein Ort der Sehnsucht. Kim Jong Il schaute
sich mit Begeisterung Hollywood-Filme an. Sein Sohn ist ein
großer Basketball-Fan, der die Stars der amerikanischen Profi-
Liga wie Michael Jordan und Kobe Bryant verehrt. Den exzent-

rischen Basketballer Dennis Rodman holte er wiederholt nach Pjöngjang; wenn Rodman spielte, saß Kim Jong Un mit seiner Frau auf der Tribüne.

Niemand kann der Kim-Herrschaft politisch mehr Legitimität verleihen als ein amerikanischer Präsident. Deshalb wurde Jimmy Carter mit Liebenswürdigkeit überschüttet, als er Kim Il Sung während der Nuklearkrise 1994 seine Aufwartung machte. Deshalb wurde Bill Clinton von Kim Jong Il mit allen Ehren empfangen, als er 2009 nach Pjöngjang reiste, um zwei amerikanische Journalistinnen nach Hause zu holen, die nach fünf Monaten Haft freigelassen worden waren. Ein amtierender US-Präsident allerdings hat noch nie einen der drei Kims getroffen. Einmal immerhin durfte Nordkoreas damalige Nummer zwei, Vize-Marschall Jo Myong Rok, im Oktober 2000 das Oval Office zu einem kurzen Gespräch mit Bill Clinton betreten.

Im Gegenzug reiste eine Woche später Madeleine Albright nach Nordkorea. Clintons Außenministerin ließ sich von der Propaganda einspannen, als sie nicht nur mit Schulkindern tanzte, sondern auch in Pjöngjangs größtem Stadion an einer Massenveranstaltung teilnahm, bei der Zehntausende in einer bombastischen Synchron-Aufführung den Abschuss einer Taepodong-Rakete feierten. Wie war Kim Jong Il denn nun, wurde sie nach ihren sieben Stunden währenden Gesprächen mit dem «Geliebten Führer» gefragt? Ein «guter Zuhörer» sei er gewesen, erwiderte Madeleine Albright, über das Weltgeschehen bestens informiert. «Er wirkt auf mich sehr entschlossen, praktisch und ernsthaft.» Mit anderen Worten: ziemlich vernünftig. Ein Mann, mit dem man ins Geschäft kommen kann.[22]

Da war George W. Bush, Bill Clintons Nachfolger im Präsidentenamt, ganz anderer Ansicht. Ihn empörte die Missachtung der Menschenrechte, das Leid in den Lagern für politische Häftlinge. Bush wollte mit Kim nichts zu tun haben. Als der Journalist Bob Woodward ihn im August 2002 auf seiner Ranch in Texas zu einem Interview besuchte, erlebte er einen emotionalen

Ausbruch des Präsidenten. «Ich verabscheue Kim Jong Il!», rief
Bush aus. Der Diktator lasse sein Volk hungern, und die Welt
schaue tatenlos zu. «Ich habe Geheimdienstberichte von diesen
Lagern gesehen – sie sind riesig –, in denen er Familien auseinan-
derreißt, Leute foltert. Es ist fürchterlich.» Der Präsident sei auf
seinem Stuhl nach vorn gerückt, sei fast aufgesprungen, so erregt
sei er gewesen. Ob er Satellitenaufnahmen der Geheimdienste
von den Lagern gesehen habe, fragte Woodward ihn. «Ja», habe
Bush geantwortet, «es entsetzt mich.»[23]

Auch Barack Obama fühlte sich von den Kims abgestoßen.
Aber seine Reaktion war weniger emotional. Er trat Pjöngjang
mit konsequenter Kälte entgegen. Er wollte bei Nordkoreas
erprobter Erpressungs-Strategie nicht mitspielen: Das Land
provoziert und erhält zur Beruhigung humanitäre und wirtschaftliche Hilfe; zugleich arbeitet es im Geheimen an seinem
Atomprogramm weiter. Obamas Nationaler Sicherheitsberater
Tom Donilon formulierte die Lehre, die der Präsident aus dem
Scheitern früherer US-Regierungen gezogen hatte, mit den lako-
nischen Worten: «Wir kaufen dasselbe Pferd nicht zweimal.»

Ganz ohne politische Kontakte aber ging es nie. Alle amerikanischen Regierungen waren bereit, Hilfe für die Not leidende
Bevölkerung zu leisten. Kaum ein Land stellte dem UN-Welt-
ernährungsprogramm auf dem Höhepunkt der Hungersnot
Mitte der neunziger Jahre so viel Geld für Nordkorea zur Verfügung wie die Vereinigten Staaten. Und dann waren da die be-
drückenden Fälle amerikanischer Staatsbürger, die als Touristen
in das Land reisten und durch Unwissen oder Übermut in Konflikt mit dem Regime gerieten. Auch um ihnen helfen zu können,
war die Pflege verlässlicher Kanäle zu Pjöngjang unverzichtbar.

Am Dienstag, den 13. Juni 2017, es ist schon dunkel, landet
auf dem Lunken Airport von Cincinnati ein für medizinische
Notfälle ausgerüstetes Charterflugzeug. Die Maschine ist tags
zuvor in Pjöngjang gestartet. An Bord der 22 Jahre alte College-
Student Otto Warmbier. Als der Gulfstream-Jet ausgerollt ist,

gehen Sanitäter an Bord. Wenig später tragen sie Warmbier die Gangway hinunter zu einem bereitstehenden Krankenwagen. Das Rettungsfahrzeug rast ins Medical Center der University of Cincinnati.

Wie die medizinischen Untersuchungen ergeben, liegt Otto Warmbier seit vielen Monaten im Koma. Er habe eine «schwere neurologische Verletzung» erlitten, sagen die Ärzte, große Teile des Gehirngewebes seien zerstört. Der Patient befinde sich in einem «Zustand reaktionsloser Wachheit». Sechs Tage später ist Otto Warmbier tot.

Unternehmungslustig war der Student der Universität von Virginia im Dezember 2015 von Peking nach Pjöngjang geflogen. Vor einem Studienaufenthalt in Hongkong wollte er fünf Tage lang das verschlossene Nordkorea kennenlernen. Seine Reise buchte er bei dem chinesischen Reiseveranstalter Young Pioneer Tours. Dessen Motto: Wir bringen dich an Orte, «von denen deine Mutter wünschte, dass du dich von ihnen lieber fernhältst». Im Rückblick eine zynische Werbung.

Als Warmbier Pjöngjang wieder verlassen will, wird er am Flughafen verhaftet. Der Vorwurf: Er soll in seinem Hotel ein Propagandaplakat von der Wand genommen und eingesteckt haben. Eine Lappalie, sollte man meinen. Nicht in Nordkorea. Warmbier wird vor Gericht gestellt und wegen «feindlicher Aktivitäten» gegen den Staat zu 15 Jahren Zwangsarbeit verurteilt. Selbst für nordkoreanische Verhältnisse eine brutale Strafe. Sein Geständnis unter Tränen, er habe den «schlimmsten Fehler seines Lebens» begangen, hilft ihm nichts. Es nützt ihm auch nicht, dass er im Gerichtssaal vor laufenden Fernsehkameras beteuert: «Ich bin sehr beeindruckt davon, wie human die koreanische Regierung Schwerverbrecher wie mich behandelt.»[24]

Ob er in der Haft gefoltert wurde, wie seine Eltern glauben? Ob er, wie die Nordkoreaner behaupten, eine Lebensmittelvergiftung erlitten hat und nach Einnahme einer Schlaftablette ins Koma gefallen ist? Die Ärzte in Cincinnati finden auf beides keine Hinweise. Was sie sagen können: Warmbiers Gehirn ist über einen längeren Zeitraum nicht genügend mit Sauerstoff versorgt worden, deshalb ist er wohl bald nach seiner Verurteilung ins Koma gefallen.

Aber warum hielten die nordkoreanischen Sicherheitsbehörden seinen lebensbedrohlichen Zustand so lange geheim? Erst Anfang Juni 2017 sucht Pjöngjangs Außenministerium das Gespräch mit US-Diplomaten. Bei einem Treffen mit Nordkoreas UN-Botschafter in New York erfahren die Amerikaner, wie schlecht es um Warmbier steht. Innerhalb von Tagen macht sich der im State Department für Nordkorea zuständige Diplomat Joseph Y. Yun auf den Weg nach Pjöngjang. Doch er kommt zu spät. Er bringt einen jungen Mann nach Hause, der im Sterben liegt.

Von einer «Schande» spricht US-Präsident Donald Trump. «Die Vereinigten Staaten verurteilen die Brutalität des nordkoreanischen Regimes, dessen jüngstes Opfer wir betrauern.»[25] Der republikanische Senator John McCain, sicherheitspolitisch ein Scharfmacher, rechnet mit Nordkorea weit härter ab. «Warmbier wurde vom Regime Kim Jong Uns ermordet», sagt der Vorsitzende des Streitkräfte-Ausschusses. «In seinem letzten Lebensjahr durchlebte er den Albtraum, in dem die Menschen in Nordkorea seit siebzig Jahren gefangen sind.»[26]

Bei aller Wut in Washington: Von sofortigen Reaktionen – verschärften Sanktionen oder gar einem Militärschlag – sieht die Regierung Trump ab. Und das aus gutem Grund. In Nordkorea befinden sich zu dieser Zeit drei weitere Amerikaner in Haft. Der Unternehmer Kim Dong Chul soll christliche Missionarstätigkeit betrieben haben; wegen «Subversion» wurde er zu zehn Jahren Arbeitslager verurteilt. Die beiden Universitätsdozenten Tony Kim (Kim Sang Duk) und Kim Hak Song, die beide an der Universität für Wissenschaft und Technologie in Pjöngjang lehrten, wurden im April und im Mai 2017 wegen «feindlicher krimineller Handlungen» verhaftet.

Insgesamt sechzehn US-Bürger wurden seit 1996 in Nordkorea festgenommen. Manche berichteten von furchtbaren Haftbedingungen, von endlosen Verhören, fensterlosen Zellen, in denen sie bei eisigen Temperaturen auf dem nackten Beton schlafen mussten. Aber kein Amerikaner ist in der Haft gestorben. Für das Regime waren sie wertvolle politische Geiseln, die dazu dienen sollten, mit der US-Regierung ins Gespräch zu kommen. Und tatsächlich reisten hochrangige Politiker wie der ehemalige Gouverneur von New Mexico, Bill Richardson, oder Geheimdienst-Koordinator James R. Clapper nach Pjöngjang, um amerikanische Häftlinge heimzuholen. Und eben auch Ex-Präsident Bill Clinton, der sich auf den Weg in die nordkoreanische Hauptstadt machte, um die US-Journalistinnen Laura Ling und Euna Lee in Empfang zu nehmen.

Als Konsequenz aus dem Tode Otto Warmbiers verbietet die US-Regierung amerikanischen Staatsbürgern im Spätsommer 2017 Reisen nach Nordkorea. Ausnahmen soll es allein für humanitäre Helfer und für Journalisten geben. Die USA wollen nicht länger politisch erpressbar sein, und sie wollen ihren Bürgern das Schicksal Otto Warmbiers ersparen.

Wie soll man umgehen mit einem Land, das, wie es der britische *Economist* formulierte, «von einer Mafia-Familie in dritter Generation regiert wird»? Man muss wohl – wenn der Frieden bedroht ist oder wenn Menschen in Gefahr sind – mit ihm sprechen. Aber man darf sich mit ihm nicht gemein machen. Über die Arbeiter- und Soldatenfäuste, die auf den nordkoreanischen Propagandaplakaten den US-Imperialismus zertrümmern, mag man lachen. Aber was sollen diejenigen tun, denen das Regime ihr Leben stiehlt, weil es von der Paranoia getrieben wird, der Virus des Yankee-Kapitalismus könnte das Denken seiner Untertanen infizieren? Sollen die mitlachen?

4. Chinas Angst vor dem Chaos

Der Weg zu Teng Jianqun führt ins alte Pekinger Diplomaten-
viertel. Das China Institute of International Studies (CIIS), des-
sen Abteilung für Amerikastudien Teng leitet, liegt in einer
schmalen Seitenstraße, gleich hinter der Chang'an Avenue mit
ihren imposanten Ministerien, Hotels und Konzernzentralen.
Still ist es in der Gasse, man betritt einen kleinen Park, in dem
Gärtner gerade das Unkraut aus den Blumenrabatten zupfen.
Das Institut ist in einer herrschaftlichen Villa im europäischen
Stil untergebracht, gelb gestrichen mit hellgrauen Säulen vor der
Auffahrt. Es ist, als träumte das Haus den großen, alten Zeiten
nach, als es noch die österreichisch-ungarische Botschaft beher-
bergte. Heute finden unter den hohen Holzdecken Konferen-
zen zur internationalen Politik statt. Die Aufsicht über das CIIS
mit seinen 150 akademischen Mitarbeitern führt das chinesische
Außenministerium.

Teng Jianqun nimmt kein Blatt vor den Mund. Die Gefahr,
die von Nordkorea ausgehe, sei «real und sehr ernst». Deswegen
wäre es gut, wenn China und die USA zusammenarbeiteten,
aber leider fehle es am gegenseitigen Vertrauen. Stattdessen herrsche zwischen den beiden Ländern «geopolitische Konkurrenz». Teng holt historisch weit aus. Vier Kriege habe China in
den vergangenen hundert Jahren durchlitten: Den Chinesisch-
Japanischen Krieg von 1894/95, den Japanisch-Russischen Krieg
von 1904/05, den antijapanischen Widerstandskrieg 1937–1945
und schließlich den Koreakrieg 1950–1953. «Alle diese Kriege
hatten mit der koreanischen Halbinsel zu tun.»

Käme es wegen Korea wieder zum Krieg, dann hätte dies dramatische Folgen für Chinas wirtschaftliche Entwicklung. «Vierzig Jahre Reform wären in Gefahr.» Daher sei die Verhinderung
eines Krieges, vor allem eines Atomkrieges die wichtigste Aufgabe der chinesischen Regierung. Hält Teng einen Krieg wirk-

lich für möglich? Nun, eines jedenfalls steht für ihn fest: «Kim Jong Un ist verrückt. Er hat sogar seinen Halbbruder und seinen Onkel umgebracht. Niemand kann ihn stoppen.» Möglich wäre dies eben höchstens durch eine chinesisch-amerikanische Kooperation. Und so schwierig es damit wegen des Misstrauens zwischen Washington und Peking sei, unter Xi Jinping und Donald Trump seien die Voraussetzungen besser geworden, denn beide seien «pragmatische Präsidenten». Trump sei nicht besonders interessiert an «ideologischen Fragen wie Demokratie und Menschenrechten». Ihm seien Handel und Wirtschaft wichtiger. «Ich bin sicher, die beiden können Deals miteinander schließen.»[27]

Ausgeschlossen ist dies nicht. Denn China hat die Geduld mit dem Regime in Pjöngjang verloren. Nie waren die Beziehungen zwischen Peking und Pjöngjang so schlecht wie heute. Einst priesen die beiden kommunistischen Verbündeten ihre brüderlichen Beziehungen, sie seien «so eng wie Lippen und Zähne». Davon ist nichts geblieben als Zorn, Misstrauen und gegenseitige Verachtung. Das Verhältnis zwischen den Staatsführern Xi Jinping und Kim Jong Un ist miserabel. Kein einziges Mal haben sich die beiden getroffen, seit Kim Ende 2011 die Macht übernahm. Als China im September 2015 den 70. Jahrestag des Kriegsendes mit einer großen Militärparade in Peking feierte, bat Xi Jinping Südkoreas Staatspräsidentin Park Geun Hye neben sich und Wladimir Putin auf die Ehrentribüne am Tiananmen-Platz; Kim Jong Un hatte er nicht einmal eingeladen.

Seit Beginn der neunziger Jahre haben sich China und Nordkorea auseinander entwickelt. Mit dem Ende des Kalten Krieges stoppte nicht nur Russland seine Wirtschaftshilfe für den Bruderstaat auf der koreanischen Halbinsel. Auch China wandte sich mehr und mehr dem prosperierenden Süden zu. Peking und Seoul nahmen 1992 diplomatische Beziehungen auf. Der Handel begann zu blühen, heute ist China der mit Abstand wichtigste Handelspartner Südkoreas. Nordkorea hingegen glitt in den neunziger Jahren ab in Hunger und Elend. Das Regime in Pjöng-jang verweigerte sich Wirtschaftsreformen, wollte von der Glo-balisierung nichts wissen, setzte stattdessen weiterhin auf die eigene Kraft. Nur wurde die immer schwächer. Den Chinesen wurde der bizarre Personenkult, den sie unter Mao Zedong selbst erlebt hatten, zunehmend peinlich. Nein, mit Freunden wie den Nordkoreanern konnte man sich in der Welt nicht mehr sehen lassen.

In der Kommunistischen Partei Chinas gibt es aber bis heute Kräfte, die mit Nordkorea nicht brechen wollen. Auf sie muss Xi Jinping Rücksicht nehmen. Manchmal blitzt das alte Denken auf. Wie bei einem Gespräch im Nationalen Volkskongress, dem chinesischen Parlament, als plötzlich von «amerikanischer Arro-ganz» die Rede ist, von «fehlendem Respekt für Nordkorea». Als es heißt, Washington wolle «Nordkorea erdrosseln». Die Amerikaner hätten in ihrer Geschichte «nie auf Knien» rutschen müssen. Für Asiaten dagegen gelte als Lehre aus der Vergan-genheit: «Lieber stehend sterben, als auf den Knien leben!» Nach einem solchen Ausbruch kann man sich vorstellen, wie schwer es für manchen in Peking noch immer ist, sich von alten Freunden – und von alten Feindbildern – zu verabschieden.

Aber nicht Emotionen, sondern Interessen bestimmen Chinas Politik gegenüber Nordkorea. Diese werden nicht zuletzt von der Geographie vorgegeben, eine 1300 Kilometer lange Grenze verbindet die beiden Länder. Die Volksrepublik, mit ihrer tief sitzenden Furcht vor Chaos jeder Art, möchte einen Kollaps des Regimes in Pjöngjang vermeiden. Sie will keine Unruhen im Nachbarland, keine Flüchtlingsströme in die eigenen nordöst-lichen Provinzen, in denen schon heute eine beachtliche korea-nische Minderheit lebt. Sie will vor allem kein unter Führung Seouls wiedervereinigtes Korea, in dem womöglich auch noch amerikanische Soldaten nahe der Grenze zu China stationiert sind.

Daher hat Peking auch lange gezögert, mit Wirtschaftssanktionen allzu großen Druck auf Pjöngjang auszuüben. Nordkorea wickelt rund 90 Prozent seines Handels mit China ab. Und obwohl die Chinesen seit Jahren allen UN-Resolutionen zur Verschärfung der Sanktionen zugestimmt hatten, nahmen sie es mit der Umsetzung nicht so genau. Vor allem waren sie nicht bereit, die Lebensmittel- und Öllieferungen so weit zu drosseln, dass Nordkorea in ernsthafte Bedrängnis kommen konnte. Inzwischen halten sie sich aber gewissenhafter an die in New York eingegangenen Verpflichtungen. So setzten sie im Februar 2017 die Kohleimporte für den Rest des Jahres aus; auch wenn zu diesem Zeitpunkt schon 50 Prozent der erlaubten Einfuhren wertmäßig ausgeschöpft waren, traf dies Nordkorea hart. Nachrichtendienste berichteten, dass als Folge des Importstopps sogar einige nordkoreanische Kohleminen geschlossen werden mussten. Auch die Einfuhr von Meeresfrüchten – ein für die Nordkoreaner nicht unbedeutendes Geschäft – wurde im Sommer 2017 nach neuerlichen Sanktionsbeschlüssen der UN demonstrativ gestoppt.

Nun ist die offizielle Politik das eine, die Schattenwirtschaft ist das andere. Über die chinesisch-nordkoreanische Grenze wird alles geschmuggelt, vom Luxusauto bis zur CD mit südkoreanischem Pop. Der Zahlungsverkehr des Nachbarlandes wird überwiegend über chinesische Banken abgewickelt. Nordkoreanische Zwangsarbeiter schuften in der Volksrepublik, um Devisen für ihren Staat zu verdienen. Chinesische Firmen lassen gleich hinter der Grenze in Nordkorea Kleidung nähen, die auch in Europa verkauft wird. Um die Herkunft zu verschleiern, wird den Textilien das Label «Made in China» aufgenäht. Nach Recherchen der *New York Times* soll das Geschäft über die Grenze hinweg der nordkoreanischen Bekleidungsindustrie 2016 Einnahmen von mehr als 500 Millionen Dollar gebracht haben.[28]

Nicht nur bei den Sanktionen ist China ein schwieriger Partner. Um Südkorea und die dort stationierten eigenen Soldaten vor Kurz- und Mittelstreckenraketen zu schützen, begannen die USA im Frühjahr 2017, südöstlich von Seoul das Raketenabwehrsystem THAAD (Terminal High Altitude Area Defense) aufzustellen. China läuft gegen THAAD Sturm, weil es befürchtet, die Amerikaner könnten mit dessen Radar bis zu zweitausend Kilometer weit in die Volksrepublik hineinsehen und so möglicherweise Chinas nukleare Verteidigungsfähigkeit gefährden. Auch Japan rüstet bei der Raketenabwehr auf, um sich vor nordkoreanischen Angriffen zu schützen. Peking hingegen ist überzeugt, die Systeme beider Länder richteten sich in Wahrheit gegen China. Die Regierung befürchtet einen Raketenabwehr-Verbund zwischen Südkorea, Japan und den Vereinigten Staaten, der sich nur vordergründig gegen Nordkorea richte, in Wahrheit aber auf die Volksrepublik ziele. Die ohnehin schon «asymmetrische strategische Balance» in Nordostasien verschiebe sich durch THAAD noch mehr zuungunsten Chinas.

Für die Volksrepublik ist der Nordkorea-Konflikt in erster Linie ein bilaterales Problem zwischen Pjöngjang und Washington. Sich selbst versteht man eher als Vermittler. Sehr klar gibt die chinesische Sicht ein Strategiepapier wieder, das die Vorsitzende des Außenpolitischen Ausschusses im Nationalen Volkskongress, Fu Ying, für die amerikanische Brookings Institution geschrieben hat.[29] Sie beschreibt darin detailreich die von China initiierten Sechs-Parteien-Gespräche, in denen Nord- und Südkorea, USA, China, Japan und Russland zwischen 2003 und 2008 versuchten, den Atomkonflikt auf der koreanischen Halbinsel zu lösen. Als Leiterin der Asienabteilung im chinesischen Außenministerium war sie an diesen Verhandlungen zu Beginn persönlich beteiligt.

Das Papier, schreibt Fu Ying, solle eine Antwort geben auf die Frage, die auch ihr ständig gestellt worden sei: «Warum kann China nicht eine größere Verantwortung übernehmen und Nordkorea dazu bringen, sein Atomwaffenprogramm einzustellen?» Der wichtigste Grund liegt für sie darin, dass es in

Nordkorea und den Vereinigten Staaten keinen Einigungswillen gebe. Nordkorea fürchte um seine Sicherheit und verlange von den Amerikanern Garantien, dass diese das Regime in Pjöngjang nicht stürzen wollten. Umgekehrt fühle sich Amerika von den nordkoreanischen Atomraketen bedroht und sei zu einem Friedensvertrag erst bereit, wenn Nordkorea seine Nuklearwaffen vollständig vernichtet habe. Die Hauptschuld daran, dass die beiden Länder aus diesem Teufelskreis nicht herausfinden, gibt Fu Ying den Vereinigten Staaten. Mit ihren immer weiter verschärften Sanktionen hätten sie nicht nur stets neue Atom- und Raketentests verursacht, sie hätten auch die bei den Sechs-Parteien-Gesprächen erreichten Fortschritte zunichtegemacht.[30]

Zugleich schildert die Autorin offen, wie brachial die Nordkoreaner bei den Verhandlungen zeitweise auftraten. Zum Beispiel bei einem Dreiertreffen zwischen China, Nordkorea und den USA im Jahr 2003, das den Sechs-Parteien-Gesprächen voranging. «Bei einem Bankett, das China am Vorabend der Gespräche gab, verließ der nordkoreanische Unterhändler Ri Gun seinen Sitz, ging auf James Kelly (den US-Verhandlungsführer, MN) auf der anderen Seite des runden Tisches zu und sagte ihm ins Gesicht, dass Nordkorea bereits abgebrannte Brennstäbe wieder aufbereitet habe. Kelly wandte sich zornig zu mir, um zu wiederholen, was Ri ihm gerade gesagt hatte. Er müsse nun Washington anrufen, um Instruktionen einzuholen. Am nächsten Morgen erklärte die US-Delegation, dass sie nur in Anwesenheit der Chinesen weiter an den Gesprächen teilnehmen und dass es keine separaten Treffen mit der nordkoreanischen Delegation mehr geben werde.»[31]

Abgrundtief war damals das Misstrauen zwischen Pjöngjang und Washington, und ist es bis heute geblieben. Chinas Vorschlag, um eine kriegerische Auseinandersetzung abzuwenden, ist eine «doppelte Aussetzung»: Nordkorea soll seine Atom- und Raketenversuche einstellen. Im Gegenzug sollen Amerikaner und Südkoreaner auf ihre jährlichen Großmanöver verzichten, die für den Norden nichts anderes sind als eine Vorbereitung zur Invasion und zum Regimewechsel. Für die Amerikaner ist dieser Vorschlag inakzeptabel. Die aggressive Aufrüstung des Nordens und die legitime Verteidigung dagegen ließen sich nicht gleichsetzen. China in seiner selbst gewählten Rolle als Vermittler aber sieht darin die einzige realistische Chance, die Kontrahenten wieder an den Verhandlungstisch zu bringen. Danach, erklärte Außenminister Wang Yi am 8. März 2017, könnten zweigleisige Gespräche beginnen, bei denen es zum einen um die Entnuklearisierung der Halbinsel gehen solle, zum anderen um einen langfristigen «Friedensmechanismus». Beides müsse miteinander «synchronisiert» werden, nur dann gebe es Hoffnung auf Frieden und Stabilität.

Hört man sich in Washington um, stößt man auf viel Kritik an der chinesischen Politik. «China ist der Auffassung, Nordkoreas Atomprogramm sei unser Problem», schimpft Victor Cha vom Center for Strategic and International Studies (CSIS), der unter George W. Bush im Nationalen Sicherheitsrat für Asien zuständig war. Die Chinesen unterstützten die USA moralisch in der Forderung nach Entnuklearisierung und machten gleichzeitig ihre Geschäfte mit Nordkorea. «Wir können China nicht erlauben, dieses Spiel immer weiter zu spielen.»[32]

China hätte allen Grund, auf Nordkoreas Aufrüstung mit gleicher Härte zu reagieren wie die Amerikaner. Über den sinistren Charakter des Regimes in Pjöngjang muss ihnen niemand etwas erzählen. Als Jungdiktator Kim Jong Un seinen Onkel Chang Song Taek aus einer Sitzung des Politbüros heraus verhaften und nach kurzem Prozess exekutieren ließ, verlor Peking seinen wichtigsten Verbindungsmann in Pjöngjang. Und als Kim dann noch seinen Halbbruder Kim Jong Nam auf dem Flughafen von Kuala Lumpur mit dem Nervengift VX ermorden ließ, provozierte er die Regierung in Peking noch dreister, lebte Kim doch in der Sonderverwaltungszone Macao unter chinesischem Schutz. Ob es tatsächlich Gespräche zwischen Chang

Song Taek und der chinesischen Führung über einen möglichen Putsch gegen Kim Jong Un gegeben hat, über die immer wieder spekuliert wird?[33] Beweise werden sich dafür kaum finden lassen. Und auch wenn Chinas Führung mit dem Jungdiktator in Pjöngjang am liebsten nichts zu tun hätte, die langfristigen Interessen des Landes gebieten es nach ihrer Überzeugung, Kim Jong Un nicht fallen zu lassen. Wie es der Sprecher des chinesischen Verteidigungsministeriums bei einem langen Briefing in Peking formulierte: «China hat seine eigenen nationalen Interessen. Und die wird es nie opfern, um den Amerikanern einen Gefallen zu tun.»

Die «Verantwortlichkeits-Theorie» jedenfalls will die chinesische Regierung nicht akzeptieren. Das Außenministerium verbittet sich Kritik aus Washington und Tokio, nicht genug Druck auf Pjöngjang auszuüben. Chinas Einfluss auf Nordkorea sei viel geringer als behauptet, ist in Peking immer wieder zu hören. «China hat Nordkorea nie ‹besessen›, und Nordkorea hat nie auf Chinas Vorschläge gehört», sagt Zhang Liangui von der zentralen Parteischule. «Weder Nordkorea noch die Vereinigten Staaten hören auf China. Sie sind viel zu sehr damit beschäftigt, einem militärischen Zusammenstoß entgegenzueilen. Es gibt nicht viel, was China tun kann. China kann Nordkorea nicht stoppen und es kann auch die Vereinigten Staaten nicht stoppen.»[34]

Auf unerwartete Weise begann China im Krisen-Sommer 2017 aber dann doch seine Verantwortung wahrzunehmen. Es verstärkte seine Truppen an der Grenze zu Nordkorea und baute seine militärischen Kapazitäten durch die Verlagerung von Artillerie, Kampfhubschraubern und Überwachungsdrohnen deutlich aus.[35] Und als US-General Joseph Dunford, der Vorsitzende der Vereinigten Stabschefs, im August 2017 China besuchte, wurde er nicht nur von Staatspräsident Xi Jinping empfangen, was eine ungewöhnliche Geste war; er durfte auch an einem Manöver der Volksbefreiungsarmee in Nordchina teilnehmen. Eindrucksvoller konnten die Chinesen der amerikanischen Regierung kaum demonstrieren, dass sie doch bereit sind, im Nordkorea-Konflikt ihren Teil der Verantwortung zu tragen.

5. Raketen über Japan

Während im August 2017 das verbale Fernduell zwischen Donald Trump und Kim Jong Un eskalierte, der eine «fire and fury» androhte, der andere Raketenangriffe auf die Küstengewässer um Guam vorbereiten ließ, gedachte Japan seiner Atombombenopfer. Fast auf den Tag genau 72 Jahre zuvor war die zweite Bombe, von den Amerikanern «Fat Man» genannt, auf die Stadt Nagasaki im Süden des japanischen Archipels gefallen und hatte 70 000 Menschen getötet.

Als Begleiter von Bundespräsident Joachim Gauck auf dessen letzter großer Auslandsreise habe ich Nagasaki im November 2016 besucht. Auch wenn Kriegsschäden auf den ersten Blick nicht mehr zu erkennen sind, so ist die Erinnerung an die Schrecken des Bombenabwurfs doch an vielen Orten in der Stadt lebendig. Da ist der Friedenspark, ein weites, stilles Areal, in dem der Bundespräsident einen Kranz niederlegte. Da ist die katholische Urakami-Kathedrale, die beim Angriff fast vollständig zerstört und 1959 neu errichtet wurde; der Kopf einer Holzstatue der Jungfrau Maria ist dort zu sehen, der mit seinen zu schwarzen Löchern ausgekohlten Augen den Höllenbrand überstand und seither als Symbol der Bitte um Frieden aufbewahrt wird. Da ist vor allem das 1996 fertig gestellte Atombombenmuseum, das die Zerstörung Nagasakis und die Leiden seiner Einwohner in allen furchtbaren Einzelheiten dokumentiert. Joachim Gauck sprach hier in einem Nebenraum mit einem Überlebenden der Katastrophe, es war der berührendste Moment seiner Japanreise.

Am 9. August 2017 um 11.02 Uhr, dem Moment der Bombenexplosion, ertönte in Nagasaki die Friedensglocke, und die Menschen gedachten der Opfer. Aber Bürgermeister Tomihisa Taue beließ es nicht beim Gedenken. Er beklagte das Drohen mit Atomwaffen, das internationale Spannungen ausgelöst habe. «Eine starke Beunruhigung breitet sich rund um den Globus aus, diese Waffen könnten in nicht zu ferner Zukunft tatsächlich wieder eingesetzt werden.» Der Bürgermeister drängte die Regierung in Tokio, ihre Politik zu ändern, sich nicht länger unter den Nuklearschirm der Vereinigten Staaten zu stellen und dem Vertrag über das Verbot aller Atomwaffen beizutreten.

Hiroshima, wo am 6. August 1945 beim ersten Atombombenabwurf 140000 Menschen starben, und Nagasaki – diese Namen haben sich der Menschheit eingebrannt als Orte beispiellosen Grauens. Wie ist es möglich, dass sieben Jahrzehnte später wieder Staatschefs mit Massenvernichtungswaffen herumfuchteln, als wären sie eine bessere Artillerie? Das fragen sich mehr noch als die Menschen anderer Länder die Japaner, die in Hiroshima und Nagasaki für den eigenen verbrecherischen Militarismus schrecklich bestraft wurden und die daraufhin im berühmten Artikel 9 ihrer pazifistischen Nachkriegsverfassung «für alle Zeiten auf den Krieg als ein souveränes Recht der Nation und auf die Androhung oder Ausübung von Gewalt als Mittel zur Beilegung internationaler Streitigkeiten» verzichtet haben.

Und genau dieses Land liegt in der Flugbahn der nordkoreanischen ballistischen Raketen. Am Morgen des 29. August 2017 ertönten in Japan die Sirenen. Die Regierung hatte das Warnsystem «J-Alert» ausgelöst, das die Radio- und Fernsehprogramme unterbricht, die Bevölkerung per SMS informiert und die Shinkansen-Schnellzüge zum Stehen bringt. Menschen flohen in Schutzräume, als eine nordkoreanische Mittelstreckenrakete vom Typ Hwasong-12 über die nördliche Insel Hokkaido hinwegraste und nach einem Flug von insgesamt 2700 Kilometern in den Pazifischen Ozean stürzte.

Von einer «noch nie dagewesenen, ernsthaften, schweren Bedrohung» sprach Premierminister Shinzo Abe. Nach einem
Telefonat mit US-Präsident Trump forderten die Regierungen
in Tokio und Washington eine Dringlichkeitssitzung des UN-
Sicherheitsrats, der noch am selben Tag zusammentrat. Der Flug
der Mittelstreckenrakete war eine gezielte Provokation, die
eigentlich den Amerikanern galt. Denn mit der Hwasong-12
könnten die Nordkoreaner auch das 3400 Kilometer entfernte
Guam erreichen, jene pazifische Insel, auf der die USA strategische Bomber und Atom-U-Boote stationiert haben, von denen
sich die Nordkoreaner unmittelbar bedroht fühlen. Ein Rake-
tentestflug Richtung Guam hätte unweigerlich amerikanische
Reaktionen ausgelöst. So blieb es bei der Geste an die Adresse
Washingtons: Wenn wir wollen, können wir die Stützpunkte auf
eurem Territorium leicht erreichen.

Entsprechend groß war die Nervosität nicht nur in Washington, wo Präsident Trump zornig wiederholte, «alle Optionen»
lägen auf dem Tisch. Auch seine UN-Botschafterin Nikki Haley
warnte, es könne «etwas Ernstes geschehen»: «Genug ist genug!» Und in Peking sagte die Sprecherin des Außenministe-
riums, die Situation in Korea befinde sich an einem «Wendepunkt»; erstmals sprach sie von einer «Krise». Als wolle er diese
Krise weiter befeuern, meldete sich in Pjöngjang Kim Jong Un
zu Wort. Er hatte den Abschuss der Rakete nahe der Hauptstadt
persönlich beobachtet. Der Test, sagte Kim, sei «ein bedeutsa-
mer Auftakt zur Eindämmung Guams».

Bei vielen Japanern löste der Raketentest, der ohne jede Ankündigung erfolgte, einen Schock aus. Schon am 31. August
1998 hatte eine nordkoreanische Rakete ihr Land überflogen.
Die erste Stufe fiel nach 95 Sekunden ins Japanische Meer, die
zweite Stufe überflog den Norden von Japans Hauptinsel Honshu und stürzte dann in den Pazifik. Die dritte Stufe sollte einen
Satelliten in eine Erdumlaufbahn tragen, der patriotische Ge-
sänge aus dem All senden sollte: das «Lied des Generals Kim Il

Sung» zum Beispiel oder das «Lied des Generals Kim Jong Il». Das klappte zwar nicht, dennoch löste der Flug der Rakete über das eigene Territorium hinweg bei den Japanern «Alarm aus, der an Panik grenzte».[36] Ein zweites Mal flog 2009 eine nordkoreanische Rakete über das Land hinweg, wieder als Satellitentransporter deklariert.

Japan begann damals seine Raketenabwehr konsequent auszubauen. Inzwischen besitzt es ein zweifach gestaffeltes Verteidigungssystem. Die Marine der «Selbstverteidigungskräfte» verfügt über Zerstörer, die mit dem Aegis-Abwehrsystem ausgestattet sind, das bis zu hundert anfliegende Raketen gleichzeitig aufspüren und abfangen kann. Zu Lande haben die japanischen Streitkräfte das Abwehrsystem Patriot installiert (Patriot Advanced Capability-3/PAC-3). Seit Nordkorea die Zahl seiner Raketentests immer mehr gesteigert hat, denkt die Regierung in Tokio auch über die Beschaffung des amerikanischen THAAD-Systems (Terminal High Altitude Area Defense) nach, das ballistische Raketen in großer Höhe abfangen und damit den Schaden eines Angriffs besonders gering halten kann. Unter lautem Protest Chinas haben die amerikanischen Streitkräfte im Frühjahr 2017 bereits in Südkorea mehrere THAAD-Abschussrampen aufgestellt. Japan denkt auch über die Stationierung des hochmodernen Raketenabwehrsystems Aegis Ashore nach, das die Nato in Rumänien und in Polen installiert hat. Käme es dazu, verfügte das Land über ein vierfach gestaffeltes Abwehrsystem und wäre gegen Angriffe weit effektiver geschützt als heute.

China sorgt sich nicht nur um die technische Leistungsfähigkeit von Systemen wie THAAD, das mit seinem Radar weit über Nordkorea hinaus in die Volksrepublik hineinreicht, oder Aegis Ashore, das auch Russland im Streit mit der Nato als Argument für die Modernisierung der eigenen Raketen heranzieht. Noch mehr fürchten die Regierenden in Peking einen Raketenabwehr-Verbund zwischen Amerikanern, Südkoreanern und Japanern – gewissermaßen den Kern einer kleinen ostasiatischen Nato, die sich nach Ansicht Pekings nicht so sehr gegen Nordkorea richten würde, sondern Teil einer Einkreisung Chinas wäre. Hardliner in Washington, Tokio und Seoul würden diesem Vorwurf vermutlich nicht einmal widersprechen.

Dass eine Modernisierung der japanischen Raketenabwehr notwendig ist, lässt sich angesichts der nordkoreanischen Drohgebärden kaum bestreiten. Als die Militärs in Pjöngjang Kim Jong Un im August 2017 – vor dem Testflug über Hokkaido hinweg – die Pläne für Flüge von vier Mittelstreckenraketen Richtung Guam vorlegten, da beschrieben sie auch die genaue Flugbahn der Rakete, und die sollte geradewegs über die japanischen Präfekturen Shimane, Hiroshima und Kochi führen. Was schon damals eigentlich eine ungeheure Provokation war, konnte man mit viel gutem Willen auch einen Fortschritt nennen. Denn normalerweise feuert Nordkorea bei seinen Raketentests einfach darauf los, ohne zuvor den Nachbarstaaten Zeitpunkt, Ziel und Flugbahn mitzuteilen. Damit verstößt es gegen alle internationalen Konventionen und bringt den Schiffs- und Flugverkehr rund um Nordkorea regelmäßig in höchste Gefahr.

In aller Regel fliegen die nordkoreanischen Raketen Richtung Japan, dort landen sie immer wieder in der für alle Länder geltenden Wirtschaftszone von 200 Seemeilen. Es gab schon Testflüge, deren Endphase vom japanischen Festland aus mit einer Wetterkamera verfolgt und aufgezeichnet werden konnte. Kein Wunder, dass städtische Behörden immer häufiger Luftschutzübungen anordneten. Nicht überraschend auch, dass in Japan die Nachfrage nach Atombunkern und Schutzräumen wuchs. Vor allem aber wurde in Tokio die politische Debatte heftiger: Wie soll sich das Land gegen die von Nordkorea ausgehende Bedrohung wirkungsvoll verteidigen? Ist die Verfassung mit ihrem absoluten Friedensgebot noch zeitgemäß?

Premierminister Shinzo Abe wollte die Verfassung schon immer ändern. In der Bevölkerung und im Parlament ist er mit diesem Wunsch jedoch auf entschiedenen Widerstand gestoßen. Also hat er sich darauf verlegt, die Verfassung neu zu «interpretieren». Danach soll es Japan erlaubt sein, sich an einem System kollektiver Verteidigung zu beteiligen. Sollten die amerikanischen Streitkräfte in der Region angegriffen werden, dann müsse das japanische Militär ihnen zu Hilfe kommen können. Unter Verbündeten eigentlich eine Selbstverständlichkeit, sollte man meinen. Aber eine Mehrheit der Japaner will den Anfängen wehren. Und deshalb wird auch die Debatte um die Bedrohung durch die nordkoreanischen Raketen mit sehr grundsätzlichen Argumenten geführt.

Verteidigungsminister Itsunori Onodera gehörte, bevor er im Sommer 2017 sein Amt antrat, zu einer Gruppe von Abgeordneten der regierenden Liberaldemokratischen Partei (LDP), die im März 2017 empfahl, Japan solle die Fähigkeit zu Präventivschlägen gegen Nordkorea entwickeln. «Um Japan angemessen zu verteidigen, müssen wir in der Lage sein, die Stützpunkte anzugreifen, von denen aus die nordkoreanischen Raketen abgeschossen werden. So können wir einen zweiten oder dritten Angriff abwehren. Das sind keine Präventivschläge, sondern Gegenangriffe, die unter die Selbstverteidigung fallen.»[37]

Noch als Abgeordneter hatte Onodera schon argumentiert: «Wenn Bomber oder Kriegsschiffe uns angreifen, feuern wir doch auch zurück. Ein Land anzugreifen, das mit Raketen auf uns schießt, ist nichts anderes.»[38]

Nur ist Japans Armee für solche offensiven Aktionen gar nicht ausgerüstet. Es fehlen die notwendigen Langstreckenbomber, Marschflugkörper und Luft-Boden-Raketen. Doch der Streit dreht sich in Tokio weniger um die angemessene Ausstattung der Streitkräfte als vielmehr um die richtige Definition des Begriffs «Selbstverteidigung». Die einen fassen ihn traditionell eng: Nur ein direkter Angriff auf japanisches Territorium dürfe abgewehrt werden. Die anderen sagen: Auch eine bevorstehende Attacke falle unter diese Definition, ein präventiver Gegenschlag auf dem Gebiet des Gegners sei daher legitim. Japanische Medien zitierten im Sommer 2017 Rechtsexperten, die der Ansicht waren, nicht einmal in Richtung Guam fliegende Raketen dürften über japanischem Territorium abgeschossen werden, denn sie bedrohten ja nicht das eigene Land.[39]

Mit Shinzo Abes Verständnis einer kollektiven Selbstverteidigung ist diese Sicht nicht zu vereinbaren. Für den Premierminister ist es selbstverständlich, dass Japan bei der Verteidigung seines wichtigsten Verbündeten helfen müsse. Das nordkoreanische Atom- und Raketenprogramm liefert dem konservativen Abe neue Argumente für seinen Kurs einer Revision der Friedensverfassung und für eine aktivere Rolle der japanischen Sicherheitspolitik. Ohnehin verfügt Tokio schon heute über eine der modernsten Armeen der Welt. Doch bleiben die pazifistischen Grundüberzeugungen vieler Japaner unverändert. Weder die Rivalität zu China noch die Drohungen aus Nordkorea haben daran etwas geändert. Von einem wieder auflebenden Militarismus, wie er von chinesischer Seite oft beschworen wird, kann keine Rede sein. Chinas staatliche Nachrichtenagentur warf Japan im Sommer 2017 vor, «im Trüben zu fischen», und die von Nordkorea ausgehende Gefahr für eine Remilitarisierung des Landes zu nutzen. Das war Unfug.

Was stimmte: Die Sorgen der Japaner mit Blick auf Nordkorea waren groß. Vielleicht größer als je zuvor. Die beiden Länder haben ein kompliziertes Verhältnis zueinander. Einer der Gründe ist die nordkoreanische Minderheit in Japan. Rund hunderttausend Japaner koreanischer Abstammung bekennen sich zum Norden. Sie unterstützen nicht nur Familienangehörige in Nordkorea; Gelder ihres Verbandes «Choson soren» sind auch direkt an die Regierung in Pjöngjang geflossen.[40]

Eine der bizarrsten und schmerzlichsten Episoden zwischen den beiden Ländern waren die Entführungen von Japanern, meist direkt vom Strand, durch nordkoreanische Agenten in den Jahren 1977 bis 1983. Angeblich sollten die Japaner bei der Ausbildung von Pjöngjangs Spionen in japanischer Sprache und Kultur helfen. Die Regierung in Tokio hat von 17 Entführungsfällen gesprochen, es können aber mehr als hundert gewesen sein. Nach Jahren des Leugnens gab Kim Jong Il bei einem Gipfeltreffen mit dem damaligen Regierungschef Junichiro Koizumi am 17. September 2002 das Kidnapping in 13 Fällen zu. Koizumi hatte auf einer Entschuldigung bestanden und bekam sie. Kim sprach von einem «abstoßenden Vorfall». Seine Erklärung: «Organisationen für Spezialaufträge» hätten sich in den siebziger und achtziger Jahren von «blindem Patriotismus und fehlgeleitetem Heroismus» zu den Aktionen hinreißen lassen. Die Japaner wussten, dass eine solche Entführungsserie ohne Zustimmung der Kim-Familie undenkbar war. Aber sie nahmen die Entschuldigung an. Einige der Entführten, hieß es in Pjöngjang, seien gestorben, andere waren mit Ausländern verheiratet worden – etwa mit dem über die Grenze nach Norden geflüchteten amerikanischen Soldaten Charles Robert Jenkins oder sogar mit Angehörigen der japanischen Terrorgruppe «Rote Armee Fraktion», die in Nordkorea Zuflucht gefunden hatten. Einen Monat nach dem Besuch Koizumis konnten fünf der Gekidnappten in die Heimat zurückkehren.[41]

Das Reich der Kim-Dynastie ist den Japanern wie dem Rest der Welt ein Rätsel. Es wirkt auf sie gefahrenvoll und grotesk zugleich. «Noch nie war die Bedrohung so groß», sagte ein hochrangiger Diplomat, der einst eine Schlüsselrolle bei den Vorbereitungen des Gipfels zwischen Junichiro Koizumi und Kim Jong Il gespielt hatte, bei einer Konferenz im Herbst 2016. «Wir müssen verhandeln, aber ich denke nicht, dass Kim Jong Un mit uns verhandeln will. Wir brauchen einen Gesprächsrahmen, und für den muss China sorgen.»

Das im August 2017 von der Regierung in Tokio vorgelegte, 563 Seiten dicke Verteidigungs-Weißbuch beschrieb die von Nordkorea ausgehende Gefahr in klaren Worten. Gegen diese Gefahr will sich Japan wappnen. Wie das am besten geschehen soll, darüber führt das Land eine leidenschaftliche und doch besonnene Debatte. Es will nicht in eine Spirale der Aufrüstung geraten, es will sich nicht erneut militarisieren. Es will, anders gesagt, keinen Schaden nehmen an seiner Seele. Das glaubt es auch den Opfern von Hiroshima und Nagasaki schuldig zu sein.

6. Spiel mit dem Feuer

Als wolle er den Showdown regelrecht erzwingen: So feiert Kim Jong Un seine Atomtests und Raketenversuche mit Triumphgeschrei und bombastischen Drohungen. Typisch der geglückte Start seiner ersten Interkontinentalrakete (ICBM) am 4. Juli 2017. Der sei «ein Schlag ins Gesicht der amerikanischen Bastarde» gewesen, ein «Geschenk» zum Unabhängigkeitstag der «Yankees». 6700 Kilometer, rechneten Raketenexperten anhand der Flugbahn aus, könne die von den Nordkoreanern «Hwasong-14» genannte ICBM fliegen und damit Alaska erreichen. Der Test war die Antwort auf Donald Trumps «Das wird nicht geschehen!», nachdem Kim zu Neujahr 2017 verkündet hatte, Nordkorea trete bei der Entwicklung einer eigenen ICBM in die «Endphase» ein. Mein Geschenk an die Yankees: Nicht zum ersten Mal hatte man das Gefühl, da fühlt sich einer sehr sicher. Zu sicher?

Ganz ohne Grund triumphierte Kim nicht. Gut drei Wochen nach dem ersten ICBM-Test erfolgte schon der nächste Versuch. Wie beim ersten Mal stieg die «Hwasong-14» steil in den Himmel. Hatte sie beim Test am 4. Juli eine Höhe von 2700 Kilometern erreicht, so stieg sie diesmal auf 3800 Kilometer hoch. Bei einer flacheren Flugbahn hätte die zweite Rakete die Westküste der USA erreicht, möglicherweise Denver oder sogar Chicago. Kim Jong Un überschritt damit die rote Linie, die Amerikas Präsidenten seit Bill Clinton gezogen hatten und die jetzt auch

Donald Trumps Nationaler Sicherheitsberater H. R. McMaster noch einmal nannte: «Der Präsident hat sich sehr klar geäußert. Er wird es nicht hinnehmen, dass Nordkorea in der Lage ist, die Vereinigten Staaten zu bedrohen.» Die beiden ICBM-Versuche im Juli 2017 setzten eine Eskalation in Gang, die rund um den Globus die Furcht aufkommen ließ, der Nordkoreakonflikt könne in einen Atomkrieg münden.[42]

Kim Jong Un agiert äußerst kaltblütig. Wie schon sein Großvater und sein Vater versucht er, die Provokation bis zu dem Punkt zu treiben, an dem der erhoffte Nutzen – internationale Aufmerksamkeit, humanitäre Hilfe, Aufnahme von Verhandlungen – den zu befürchtenden Schaden übertrifft. Er darf nicht den einen Schritt zu weit gehen, der den Amerikanern praktisch keine Wahl lässt, als militärisch zu reagieren. *Brinkmanship* nennt man in den USA diese zweifelhafte Kunst, Politik am Rande des Abgrunds zu betreiben. Bisher hat dieser Balanceakt bei den Kims immer funktioniert. Natürlich wäre Nordkorea im Falle eines Krieges der gemeinsamen militärischen Schlagkraft Amerikas und Südkoreas hoffnungslos unterlegen. Aber Kim Jong Un kann mit gutem Grund davon ausgehen, dass beide Länder den Preis eines Krieges scheuen.

Schon heute bedrohen die Kurz- und Mittelstreckenraketen des Nordens ganz Südkorea und Japan sowie die in beiden Ländern stationierten US-Soldaten. Auch ohne den Einsatz nuklearer Waffen wären die Verluste entsetzlich. Zwar sind die 1,2 Millionen nordkoreanischen Soldaten mit veraltetem Gerät ausgestattet, ihre Panzer, Kampfflugzeuge und Kriegsschiffe nicht auf dem neuesten Stand der Militärtechnik. Südkoreas Streitkräfte, der Zahl der Soldaten nach nur halb so groß wie die des Nordens, seien der nordkoreanischen Armee in allen Bereichen überlegen, schreibt der amerikanische Militärexperte Anthony H. Cordesman. «Nordkoreas fragile Wirtschaft könnte innerhalb von Tagen aus der Luft zerstört werden.» Auch wenn es sich noch so sehr in Positur werfe, bleibe Nordkorea doch «das strategische Äquivalent eines Potemkinschen Dorfes».[43]

Durchaus nicht veraltet ist Nordkoreas Artillerie. Sie verfügt über insgesamt 13 500 Geschütze unterschiedlichster Reichweite. Seoul mit seinen zehn Millionen Einwohnern (im Großraum der Hauptstadt leben sogar rund 25 Millionen Menschen), gerade sechzig Kilometer von der Grenze entfernt, ist gegen Artilleriebeschuss nicht zu schützen. Zumal die Artillerie auch Granaten mit chemischen und biologischen Kampfstoffen Richtung Süden feuern könnte. Nordkorea besitzt große Mengen Senfgas, Chlorgas, Phosgen und Sarin; es verfügt auch über das absolut tödliche Nervengas VX, wie der Anschlag auf Kim Jong Uns Halbbruder Kim Jong Nam in Kuala Lumpur bewiesen hat. Insgesamt sollen Pjöngjangs Bestände an chemischen Waffen 2500 bis 5000 Tonnen umfassen. Die nordkoreanischen Soldaten werden ausgebildet, in einem chemisch verseuchten Umfeld zu operieren. Nordkorea ist zwar 1987 der Konvention über das Verbot biologischer Waffen beigetreten. Trotzdem sollen sich im Arsenal der nordkoreanischen Armee Krankheitserreger befinden, die Botulismus, Pest, Pocken, Typhus und Gelbfieber auslösen können.[44]

Wahrlich eine apokalyptische Vorstellung. Kein Wunder, dass Nordkorea seine Gegner auch ohne Atomwaffen bisher schon wirkungsvoll abschrecken konnte. So verzichtete Präsident Richard Nixon im Jahr 1969 auf eine militärische Antwort, als Nordkorea ein Flugzeug der US-Navy mit 31 Personen an Bord abschoss. Nixons Nachfolger ließen zwar alle möglichen Szenarien durchspielen, zuckten aber stets vor einem militärischen Eingreifen zurück. In Washington ist die Ansicht verbreitet, es gebe im Falle Nordkoreas einfach keine «guten Optionen»; man habe lediglich die Wahl zwischen «schlechten, sehr schlechten und katastrophalen Optionen».

All dies trägt zum selbstbewussten Auftreten Kim Jong Uns bei. Fragt man sich, was ihn antreibt, dann landet man bei zwei

Erklärungen. Da ist einmal die schon erwähnte Annahme, der Besitz von Atomwaffen werde ihn vollends unangreifbar machen, werde ihn vor dem Schicksal Saddam Husseins und Muammar al-Gaddafis bewahren. Da ist zum anderen die ständige Beschwörung einer Bedrohung von außen, um die Unterdrückung im Inneren zu rechtfertigen. Nordkorea befindet sich in einem Zustand permanenter militärischer Mobilisierung. Begleitet wird die Anspannung aller Kräfte von hysterischer Kriegsrhetorik. «Südkorea wird in einem Flammenmeer untergehen, Japan wird in Asche versinken und die USA werden zusammenbrechen», drohte die Parteizeitung *Rodong Sinmun* im Mai 2017 in charakteristischem, völlig überdrehtem Wortgetöse.[45]

Aber es sind eben nicht nur Worte. Von Nordkorea geht tatsächlich Gefahr aus. Westliche Geheimdienste kamen schon vor den ICBM-Tests nicht von ungefähr zu der Einschätzung: Die Lage auf der koreanischen Halbinsel sei «so angespannt wie seit Jahrzehnten nicht mehr». Die Drohkulisse der Amerikaner lasse die Nordkoreaner «völlig unbeeindruckt». Noch ist die Interkontinentalrakete «Hwasong-14» nicht einsatzbereit. Die technischen Herausforderungen bei der Produktion eines verkleinerten Sprengkopfes, der auf die Raketenspitze passt, und die notwendige Härtung der Sprengkopfhülle, um der gewaltigen Hitze beim Wiedereintritt in die Erdatmosphäre zu widerstehen, sind groß. Aber warum sollten die nordkoreanischen Atomwissenschaftler und Ingenieure nicht auch sie bewältigen?

Schon jetzt verfügt das Land über vierzehn verschiedene Raketentypen von der Kurzstreckenrakete KN-02 mit einer Reichweite von 120–170 Kilometern über die Mittelstreckenrakete Musudan, die 2500 bis 4000 Kilometer weit fliegen kann, bis zur Interkontinentalrakete Hwasong-14, die es auf eine Reichweite von 10400 Kilometer bringt. Selbst von U-Booten aus kann Nordkorea inzwischen Raketen vom Typ KN-11 abfeuern, die 1000 bis 1200 Kilometer zu fliegen vermögen.[46] Die Abschussrampen der landgestützten Raketen verteilen sich über ganz

Nordkorea. Viele Raketen sind mobil, sie lassen sich leicht vor den Kameras der Überwachungssatelliten verbergen und sind schnell in Stellung zu bringen. Die modernsten Raketen werden mit festem Treibstoff angetrieben, müssen also vor dem Start nicht langwierig betankt werden. So sind sie in kürzester Zeit abschussbereit.

Inzwischen zweifelt niemand mehr an den Fähigkeiten der nordkoreanischen Raketenbauer. Dennoch war unter westlichen Experten das Erstaunen groß, wie rasch das Land bei der Entwicklung seiner Interkontinentalraketen vorankam. Hatten die Nordkoreaner Helfer im Ausland? War es ihnen gelungen, die Sanktionen zu umgehen und auf dem Schwarzmarkt notwendige Teile einzukaufen?

Eine Erklärung offerierte Michael Elleman, Raketenexperte am Londoner International Institute for Strategic Studies (IISS). Er entdeckte Ähnlichkeiten zwischen den Triebwerken der Hwasong-14 und den in der Ukraine gebauten Triebwerken vom Typ RD-250, die einigen der mächtigsten russischen Interkontinentalraketen wie der SS-18 ihren Schub verliehen. Die RD-250-Triebwerke wurden zu sowjetischer Zeit von der ukrainischen Raketenfirma Yuzhmash produziert, und auch nach dem Ende der Sowjetunion lieferte die Fabrik noch an die russischen Streitkräfte. Erst nach Putins Aggression in der Ostukraine und der Besetzung der Krim 2014 wurden die Lieferungen eingestellt.

Weil es bei den Versuchen mit der Mittelstreckenrakete Musudan immer wieder zu Fehlschlägen gekommen sei, habe Nordkorea nach technischen Alternativen gesucht und sei in der Ukraine fündig geworden, schreibt Ellemann. Der Transfer sei vermutlich «innerhalb der vergangenen zwei Jahre» erfolgt.[47] Der Chef der ukrainischen Firma widersprach entschieden der Studie Ellemans, die von der *New York Times* aufgegriffen worden war. Aus seinem Unternehmen habe es keinen illegalen Technologietransfer gegeben. Aber die Triebwerke würden in aller Welt verwendet, sagte er, vielleicht hätten die Nordkoreaner sie irgendwo kopiert. Fest steht immerhin: Im Jahr 2011 waren zwei Nordkoreaner verhaftet worden, die sich als Handelsvertreter ausgegeben und versucht hatten, Betriebsgeheimnisse der Firma Yuzhmash zu stehlen. Sie wurden 2012 wegen Spionage zu acht Jahren Gefängnis verurteilt.[48]

In einem Leserbrief an die *New York Times* schrieb der Außenminister der Ukraine, Pavlo Klimkin, sein Land sei nicht an Hilfen für das nordkoreanische Raketenprogramm beteiligt. Die entsprechende Fertigungslinie sei in der Ukraine 1992 «außer Betrieb genommen» worden. «Aber ich habe Zweifel, dass Nordkorea ohne Hilfe von außen schaffen konnte, was ihm gelungen ist. Die Weltgemeinschaft muss jetzt zusammenkommen und eine internationale Untersuchung durchführen, um herauszufinden, wer verantwortlich war.»

Amerikanische Geheimdienste hingegen zeigten sich überzeugt, dass Nordkorea keine Hilfe aus dem Ausland brauche. Pjöngjang müsse seine Triebwerke nicht auf dem Schwarzmarkt kaufen. «Unsere Erkenntnisse besagen, dass Nordkorea nicht auf den Import von Triebwerken angewiesen ist. (…) Nach unserem Urteil sind sie in der Lage, die Triebwerke selber herzustellen.»[49]

Eigene Fertigkeiten, Einkäufe auf dem Schwarzmarkt, Kooperationen mit anderen dubiosen Regierungen – all das kann den verblüffenden Fortschritt der nordkoreanischen Atomwaffen- und Raketentechnik erklären. Eine Entwicklung, der die Regierung in Washington schon seit längerem nicht mehr tatenlos zusehen wollte. So befahl US-Präsident Barack Obama dem Pentagon 2014, Cyber-Attacken auf Kim Jong Uns Raketenprogramm durchzuführen. Die Militärs verfügen dazu heute über vielfältige Mittel der elektronischen Kriegführung. Sie reichen von der Installierung von Schadsoftware bis zur elektronischen Signalstörung. Das bekannteste Beispiel eines erfolgreichen Cyber-Angriffs ist der vermutlich von Amerikanern und

Israelis in die Leittechnik der iranischen Urananreicherungsanlage in Natanz eingeschleuste Computerwurm «Stuxnet», mit
dem Teherans Atomprogramm verzögert wurde. Wohlgemerkt
verzögert, nicht verhindert.

Die Frage, die Obama und sein Verteidigungsminister Ash-
ton B. Carter ihren Militärs 2014 stellten, lautete: Gibt es ein
Programm, das Nordkorea auf seinem Weg zur Interkontinentalrakete bremsen könnte?[50] Tatsächlich häuften sich kurz danach in Nordkorea die Fehlversuche. Vor allem bei der von den
Amerikanern als besonders gefährlich eingestuften Mittelstreckenrakete Musudan nahmen die Pannen zu. Die Rakete wich
vom Kurs ab, brach kurz nach dem Start auseinander und fiel in
tausend Stücken ins Meer. Von acht Versuchen, die Nordkorea
2016 mit der Musudan durchführte, glückte nur einer. Natürlich
konnte es dafür auch ganz andere Gründe geben als amerikanische Cyber-Sabotage: Materialschwächen oder Konstruktions-
fehler. Aber die Zahl der Fehlschläge war auffallend hoch.

«Left of launch» heißt das Sabotage-Programm, mit dem die
Amerikaner versuchen, Raketen durch Cyberangriffe oder elektronische Störimpulse so zu manipulieren, dass sie schon beim
Start explodieren oder kurz danach vom Kurs abkommen. Die
Regierung Trump hat Obamas Programm weitergeführt. Die
Raketen-Entwicklung der Nordkoreaner konnte sie damit aber
nicht stoppen. Auf die Serie von Fehlschlägen folgten wieder
zahlreiche erfolgreiche Tests. Die Häufung der missglückten
Starts war jedoch auch den Nordkoreanern verdächtig vorge-
kommen. Kim Jong Un soll eine Untersuchung angeordnet
haben, ob es tatsächlich Sabotage gegeben habe und ob dabei
womöglich amerikanische Spione am Werk gewesen seien.[51]

Aber nicht nur über weitere Cyber-Attacken, auch über ein
direktes militärisches Eingreifen in Nordkorea denken die Vereinigten Staaten nach. Die Regierung Trump will auf diese
Option ausdrücklich nicht verzichten. Sie könnte sonst auch
kaum glaubwürdig behaupten, ein Nordkorea mit Atomwaffen

bleibe für sie inakzeptabel. Bei einer Anhörung im Senat kam es zu einem aufschlussreichen Dialog zwischen dem republikanischen Senator Lindsey Graham und Verteidigungsminister James Mattis. Graham: «Ist es die Politik der Regierung Trump, Nordkorea an der Fähigkeit zu hindern, eine ICBM zu bauen, die das amerikanische Festland mit einer Atomwaffe an der Spitze erreichen kann?» Mattis: «Ja.»

Im Sommer 2017 hat Nordkorea diese Fähigkeit unter Beweis gestellt. Und seitdem hat sich der Streit um einen möglichen Präventivschlag gegen die nordkoreanischen Atomanlagen und die Abschussrampen der Raketen noch einmal verschärft. Die Debatte darüber, wie dies geschehen soll und ob es überhaupt möglich ist, ob Amerika die Mittel dazu hat und den Willen, diese einzusetzen – darüber streiten Politiker, Militärs und Experten schon seit Jahren. Und die Zweifel sind immer lauter geworden. Bei vielen wächst die Bereitschaft, Nordkorea als neunte Atommacht wenn schon nicht anzuerkennen, so doch hinzunehmen. William J. Perry, der als US-Verteidigungsminister 1994 selbst über einen Präventivschlag nachdachte, sagt heute: «Es ist meine feste Überzeugung, dass es nicht in unserer Macht liegt, ein Ende des nuklearen Waffenprogramms in Nordkorea auszuhandeln.»

Also das Inakzeptable akzeptieren? Perrys heutiger Nachfolger James Mattis ist dazu bisher, genau wie sein Präsident, nicht bereit. Aber Mattis, der kriegserprobte Ex-General, weiß besser als jeder andere um die Schrecken einer militärischen Konfrontation. «Ein Konflikt in Nordkorea», sagte er im Mai 2017 in der Sendung ‹Face the Nation› des amerikanischen Fernsehsenders CBS, «das würde wahrscheinlich die schlimmsten Kämpfe in der Lebensspanne der meisten Menschen bedeuten.»

Donald Trump ist von seinem apodiktischen «It won't happen!», mit dem er eine Bedrohung der USA durch nordkoreanische Interkontinentalraketen ausschloss, nie abgerückt. Auch sein Sicherheitsberater H. R. McMaster hat keinen Zweifel daran gelassen, dass ein Präventivkrieg eine Option bleibe. Susan Rice, seine Vorgängerin in der Regierung von Barack Obama, hatte sich leidenschaftlich dagegen ausgesprochen. «Wir haben diese Möglichkeit sorgfältig studiert», schrieb sie in der *New York Times*. «Ein ‹Präventivkrieg› würde hunderttausende, wenn nicht Millionen Opfer zur Folge haben.»[52] Rice plädierte stattdessen für eine traditionelle Politik der Abschreckung: «Die Geschichte lehrt, dass wir, wenn wir es denn müssen, Nuklearwaffen in Nordkorea tolerieren können – genauso wie wir die bei weitem größere Bedrohung durch tausende sowjetische Nuklearwaffen im Kalten Krieg toleriert haben.» Nachfolger McMaster widersprach genauso leidenschaftlich. In Pjöngjang herrsche ein vollkommen anderes Regime. Kim Jong Un sei viel unberechenbarer, als es die Sowjetunion je gewesen sei.

Kann man das Kim-Regime wie einst die Sowjetführer abschrecken? Kann man es mit einer Containment-Strategie einhegen, wie sie der in Moskau tätige amerikanische Diplomat George F. Kennan nach dem Ende des Zweiten Weltkrieges für den Umgang mit der Sowjetunion so weitsichtig empfahl? Oder ist das Regime in Pjöngjang zu unberechenbar und zu bösartig, um je ein rationaler, verlässlicher Partner im Raketenschach zu sein, so wie es die Sowjetunion im Kalten Krieg war? Darüber wurde im Weißen Haus und im Kongress, in Washingtons Denkfabriken und in den Blättern des Landes debattiert, nachdem mit dem Abschuss der ersten beiden Interkontinentalraketen die Gefahr einer atomaren Konfrontation mit Nordkorea in den Bereich des Denkbaren gerückt war.

Graham Allison, Direktor des Belfer Center for Science and International Affairs an der Harvard Kennedy School, sprach noch vor den ICBM-Tests von einer «Kubakrise in Zeitlupe». Er zitierte John F. Kennedy, der aus der Konfrontation mit der Sowjetunion 1962, die fast den Dritten Weltkrieg ausgelöst hätte, die Lehre gezogen habe: «Vor allem anderen müssen Atommächte, während sie ihre vitalen Interessen verteidigen, jene

Konfrontationen vermeiden, die einem Gegner nur die Wahl lassen zwischen einem demütigenden Rückzug und einem Nuklearkrieg.»[53]

Auf diese Wahl aber könnte es in Nordkorea hinauslaufen. Denn dass Donald Trump und Kim Jong Un über die Weisheit Kennedys verfügen, darf man mit Fug und Recht bezweifeln.

7. Die August-Krise

Am 5. August 2017, einem Samstag, tritt um 15.06 Uhr in New York der Sicherheitsrat der Vereinten Nationen zusammen. Am Hufeisentisch mit seinen blauen Lederstühlen unter dem Monumentalgemälde des Norwegers Per Lasson Krohg werden in diesem fensterlosen Raum der UN-Zentrale am East River die Schicksalsfragen der Weltgemeinschaft verhandelt. Krieg, Vertreibung, Völkermord – es sind die großen, grenzüberschreitenden Verbrechen, die im Sicherheitsrat landen. Nordkoreas Atomwaffen- und Raketenprogramm steht in New York nicht zum ersten Mal auf der Tagesordnung. Sieben Mal bereits hat der Sicherheitsrat Pjöngjangs Verstöße gegen den Atomwaffensperrvertrag und die von Nordkorea ausgehende Bedrohung für Frieden und Stabilität verurteilt, sieben Mal hat er zur Strafe wirtschaftliche Sanktionen über das Land verhängt.

Resolution 2371, die der Rat an diesem Samstagnachmittag verabschieden wird, reicht deutlich weiter als alle vorherigen Beschlüsse. Sie verbietet Nordkorea den Export von Kohle, Eisen, Eisenerz, Meeresfrüchten, Blei und Bleierz. Die Einnahmen aus seinen Ausfuhren würden sich, wenn die Sanktionen umgesetzt werden, von ohnehin kümmerlichen drei Milliarden Dollar um eine Milliarde, also ein Drittel reduzieren. Auch verbietet die Resolution allen UN-Mitgliedstaaten, neue Arbeitskräfte aus Nordkorea zu beschäftigen; mit ihren Überweisungen sind sie eine wichtige Devisenquelle für das bettelarme Land, mehr als die 60 000 bis 80 000 Arbeiter, die jetzt schon für kargen Lohn auf ausländischen Baustellen, in Minen und Restaurants schuften, sollen es nicht mehr werden. Es dürfen auch keine neuen *joint ventures* oder andere Kooperationsvereinbarungen mit dem Norden mehr abgeschlossen werden. Neun Nordkoreanern, die mit der Beschaffung von Militärgütern oder deren Finanzierung zu tun haben, wird die Ausreise untersagt, ihre Konten im Ausland werden eingefroren; auch vier Firmen dürfen nicht mehr über ihre ausländischen Vermögen verfügen.

Dies ist also nun die achte Resolution, die der Sicherheitsrat seit Nordkoreas erstem Atomtest im Jahr 2006 beschlossen hat. Von Mal zu Mal sind die Strafen härter geworden. Vor allem aber werden die Kontrollen durch ein vom Rat eingesetztes Expertenkomitee immer strenger. Für Nordkorea beginnt es wirklich eng zu werden. Auch ein Land, das sich von der Welt abschottet, das die Unabhängigkeit und das Vertrauen auf die eigene Kraft zur Staatsideologie erhoben hat, braucht ein Minimum an Handel und Austausch. Sonst bricht es wirtschaftlich zusammen.

Politisch das wichtigste Ergebnis an diesem 5. August aber ist: Wieder votiert der Sicherheitsrat einstimmig. Auch China und Russland unterstützen, wie schon bei früheren Abstimmungen, die Zwangsmaßnahmen gegen den einstigen Verbündeten. Pjöngjang ist in der internationalen Gemeinschaft inzwischen vollständig isoliert. Amerikas UN-Botschafterin Nikki Haley würdigt die Einmütigkeit im Rat. Dies sei ein «guter Tag» für die Vereinten Nationen, der Beschluss sei ein bedeutender Fortschritt. Aber er reiche nicht aus. Deshalb würden die Vereinigten Staaten «kluge defensive Maßnahmen» ergreifen, um sich und ihre Alliierten zu schützen. Auch die gemeinsamen Militärmanöver rund um die koreanische Halbinsel würden fortgesetzt.

Dagegen wendet sich der Vertreter Chinas, Botschafter Liu Jieyi. Militärische Aktivitäten dieser Art würden nur die Spannungen anheizen. Liu erinnert daran, dass China und Russland einen «Fahrplan» zur Entnuklearisierung der koreanischen Halbinsel vorgelegt hätten. Kern dieses Plans sei das Prinzip «Aussetzung gegen Aussetzung»: Nordkorea solle sein Atomprogramm einfrieren; im Gegenzug sollten Amerikaner und Südkoreaner ihre Militärmanöver suspendieren. Es zeigt sich: Auch wenn der Sicherheitsrat einmütig abgestimmt hat, einer Meinung sind seine Mitglieder deshalb noch lange nicht. Dennoch, als die Sitzung in New York um 16.12 Uhr geschlossen wird, hat die Staatengemeinschaft in einem der gefährlichsten Konflikte Geschlossenheit demonstriert. Für die Regierung in Washington ist die Isolierung Pjöngjangs ein diplomatischer Triumph. Donald Trump tweetet: «China und Russland stimmten mit uns. Sehr große finanzielle Auswirkung.»

Die Reaktion aus Pjöngjang kommt sofort, und sie ist fulminant. «Tausendfach» werde Nordkorea gegen die Vereinigten Staaten zurückschlagen. Beim Asean Regional Forum in Manila empört sich Außenminister Ri Yong Ho: «Unter keinen Umständen werden wir unsere Nuklearwaffen und ballistischen Raketen auf den Verhandlungstisch legen.» Nicht einen Zentimeter werde Nordkorea vom eingeschlagenen Weg abweichen. Drohend fügt Kim Jong Uns Chefdiplomat hinzu: «Die Vereinigten Staaten können keinen größeren Fehler machen, als zu glauben, ihr Land sei jenseits des Ozeans sicher.» Chinas Außenminister Wang Yi trifft sich in Manila mit seinem nordkoreanischen Amtskollegen zu einer, wie er sagt, «intensiven Unterhaltung». Vor der Presse warnt Wang die Nordkoreaner: «Verletzen Sie die Beschlüsse der Vereinten Nationen nicht, provozieren Sie nicht den guten Willen der internationalen Gemeinschaft mit Raketenabschüssen und Nuklearversuchen.» Trotz aller Differenzen mit den Amerikanern, China erweist sich für den Moment als ihr verlässlicher Partner.

Donald Trump könnte zufrieden sein. Er befindet sich im «Arbeitsurlaub» in seinem Golfclub in Bedminster, New Jersey.

Doch von Erholung keine Spur. Alles zerrt an seinen Nerven: Die Untersuchungen über die Verbindungen seiner Familie und seines Wahlkampfteams zu Russland, der Stillstand bei seinen Gesetzesvorhaben im Kongress, die permanenten Personalquerelen im Weißen Haus. Am Dienstag, es ist der 8. August, berichtet die *Washington Post*, nach Erkenntnissen von Amerikas militärischem Geheimdienst Defense Intelligence Agency (DIA) sei es den Nordkoreanern gelungen, ihre Nuklearsprengköpfe so weit zu verkleinern, dass sie nun auf die Spitzen seiner Raketen montiert werden können. Das am selben Tag in Tokio vorgelegte Weißbuch zur Verteidigungspolitik Japans kommt zu dem gleichen Ergebnis. Die Begleitmusik zu diesen brisanten Einschätzungen der Nachrichtendienste liefern neuerliche Tiraden aus Pjöngjang. Die Strategischen Streitkräfte, denen das nordkoreanische Raketenprogramm untersteht, verkünden: «Die USA träumen, wenn sie glauben, ihr Land sei unverwundbar.»

Trump rastet aus. «Nordkorea sollte besser keine Drohungen gegen die Vereinigten Staaten ausstoßen», erregt er sich bei einem Abendessen vor Journalisten. «Sie werden Feuer und Wut ernten, wie es die Welt noch nie gesehen hat.» Feuer und Wut, *«fire and fury»*, das sind fast biblische Worte. Es ist die Sprache des Atomkrieges. Manch einem in Washington gefriert das Blut in den Adern. Weiß der Präsident, was er da redet? Die Formulierung sei nicht abgesprochen gewesen, heißt es im Weißen Haus. Es seien die Worte des Präsidenten. Nur so, glaube Trump, könne er Kim Jong Un zu verstehen geben, dass es ihm ernst sei. Plötzlich ist die Krise da. Überall auf der Welt warnen Politiker vor einem nuklearen Schlagabtausch.

Nur einer zeigt sich unbeeindruckt: Kim Jong Un. Wenige Stunden nach Trumps Wutausbruch geben Nordkoreas Militärs bekannt, sie bereiteten vier Testflüge mit Mittelstreckenraketen vom Typ Hwasong-12 Richtung Guam vor; Mitte August würden die Pläne abgeschlossen sein, dann könne Kim Jong Un über den Abschuss entscheiden. Die Raketen würden einen «Ring aus Feuer» um die Insel legen. Guam, das den Status eines souveränen US-Territoriums hat, ist für die Amerikaner im asiatisch-pazifischen Raum seit jeher von strategisch überragender Bedeutung. Dem Pentagon gehören 27 Prozent der Insel. Von der Andersen Air Force Base steigen die Langstreckenbomber B-1B Lancer auf, die regelmäßig in Überschallgeschwindigkeit über die koreanische Halbinsel donnern. Die Naval Base Guam ist der Heimathafen von Atom-U-Booten und ein wichtiger Stützpunkt für die Kriegsschiffe der Siebten US-Flotte. Etwa 7000 amerikanische Soldaten sind auf der Insel stationiert.[54]

Eine Rakete würde für den Flug von Nordkorea nach Guam etwa vierzehn Minuten brauchen, schätzen die Heimatschutz-Behörden auf der Insel. Das Büro für zivile Verteidigung lässt ein Informationsblatt «für den Notfall», das heißt: für einen Atomangriff verbreiten. «Schauen Sie nicht in den Blitz oder den Feuerball.» Bei radioaktiver Verseuchung solle die Kleidung ausgezogen und in einem Plastikbeutel verschlossen werden. Man solle gründlich mit Seife und Shampoo duschen. «Benutzen Sie keinen Conditioner, weil er radioaktives Material an Ihr Haar binden würde.»[55] Fast scheint es, als kehre, nicht nur auf Guam, der Kalte Krieg zurück, mit dem Schrillen der Sirenen auf den Hausdächern und den Notrationen in den Speisekammern. Wie konnte sich die politische Atmosphäre innerhalb weniger Tage so aufheizen?

Hat Trump sich und seine Rhetorik nicht im Griff? Von allen Seiten hagelt es Kritik. Die «bombastischen Kommentare» des Präsidenten seien in der angespannten Situation nicht hilfreich, meint die demokratische Senatorin Dianne Feinstein aus Kalifornien. Und ihr republikanischer Kollege John McCain aus Arizona wirft Trump vor, das Land einer «ernsten Konfrontation» mit Nordkorea näher zu bringen. Mehr als sechzig Abgeordnete des Repräsentantenhauses schreiben einen Brief an Außenminister Rex Tillerson und bitten ihn, er solle helfen, dass der Präsident sich mäßige. Aber Donald Trump ist in Kampfeslaune. Und legt nach. Den Leuten, denen sein Wort von «fire and fury» zu scharf gewesen sei, antworte er, «vielleicht war es nicht scharf genug». Immer noch im Arbeitsurlaub, nimmt er sich für die Reporter in seinem Urlaubsort Bedminster viel Zeit. Welche Ankündigung denn noch schärfer sein könne als die Drohung mit «fire and fury», fragen die Journalisten. «Sie werden sehen», antwortet Trump. «Sie werden sehen.»

Am Samstag meldet sich Henry Kissinger im *Wall Street Journal* zu Wort. Der Altmeister der Geopolitik erinnert noch einmal daran, worum es den Amerikanern im Konflikt mit Nordkorea eigentlich gehen müsse, nämlich darum, die weitere Ausbreitung der Atomwaffen zu verhindern. Die langfristige Gefahr, die über die Bedrohung des amerikanischen Territoriums durch Nordkorea hinausreiche, sei die «Aussicht auf ein nukleares Chaos».[56] Bis Nordkorea über funktionsfähige Interkontinentalraketen verfüge, werde es noch eine Weile dauern. Aber schon seine Kurz- und Mittelstreckenraketen seien für Länder wie Vietnam, Südkorea und Japan Anreiz genug, sich mit eigenen Atomwaffen zu schützen. Die Gefahr der Proliferation müsse die Großmächte, vor allem die USA und China, nach einem Konsens in der Nordkoreapolitik suchen lassen. «Der Einsatz militärischer Gewalt muss sorgfältig analysiert werden, und dabei muss die Wortwahl zurückhaltend sein», schreibt Kissinger. «Aber ausgeschlossen werden kann er nicht.»

In der US-Regierung bemühen sich derweil Außenminister Rex Tillerson und Verteidigungsminister James Mattis um Schadensbegrenzung. Es beginnt, was das *Wall Street Journal* die «Mattis-Tillerson-Show» nennt. Tillerson hat schon auf dem Rückflug von einer Asienreise die Gemüter zu beruhigen versucht. «Ich denke, die Amerikaner sollten ruhig schlafen und sich keine Sorgen machen wegen der Rhetorik der vergangenen Tage», sagt er den mitreisenden Journalisten. Verteidigungsminister Mattis hat zwar selbst gerade eine sehr harte Erklärung herausgegeben, in der er Nordkorea davor warnt, über Aktionen nachzudenken, «die das Ende seines Regimes und die Vernichtung seines Volkes bedeuten würden». Doch zugleich sagt er auf einer Reise an die amerikanische Westküste mehrfach, die US-Politik sei «von Diplomatie geleitet». Tatsächlich gibt es in diesen angespannten Tagen keinerlei Anzeichen erhöhter militärischer Aktivitäten: Es werden keine Truppen und keine Flugzeuge verlegt, kein Flugzeugträger setzt sich Richtung Korea in Bewegung. Und niemand bereitet die Evakuierung der fast 200 000 amerikanischen Zivilisten vor, die in Südkorea leben.

Hat Donald Trump also nur drauflos schwadroniert, weil er sich über den anmaßenden Jungdiktator in Pjöngjang aufgeregt hatte? Es sieht ganz so aus. Allenfalls könnte man ihm zugutehalten, er spreche zu Kim Jong Un in einem Ton, den dieser verstehe. Auf den Kim allerdings auch sofort in gleicher Weise antwortet. Trump verbreite eine Menge Blödsinn, lässt er seine Propaganda erklären. Nur die Androhung «absoluter Gewalt» könne einen Mann wie Trump, der «bar jeder Vernunft» sei, in die Schranken weisen.

Von Peking bis Moskau, von Berlin bis Paris hat das Schreiduell der beiden Egomanen in Washington und Pjöngjang inzwischen die Regierenden alarmiert. Könnte es wirklich sein, dass Trump und Kim einen Atomkrieg auslösen? In einem Gastbeitrag im *Wall Street Journal* veröffentlichen Jim Mattis und Rex Tillerson gemeinsam einen Namensartikel, mit dem sie die Wogen zu glätten versuchen. Amerika ersetze die gescheiterte Politik der «strategischen Geduld» mit einer neuen Politik der strategischen Verlässlichkeit, schreiben sie. Ziel sei allein die Entnuklearisierung der koreanischen Halbinsel. «Die USA haben kein Interesse an einem Regimewechsel oder an einer beschleunigten Wiedervereinigung Koreas. Wir suchen keinen Vorwand, um US-Truppen nördlich der Demilitarisierten Zone zu stationieren. Wir haben keine Absicht, dem schon lange lei-

denden nordkoreanischen Volk, das nicht mit dem feindlichen
Regime in Pjöngjang gleichzusetzen ist, Schaden zuzufügen.»

Es ist ein sorgfältig konzipierter Artikel, man spürt, dass er
vor der Veröffentlichung Wort für Wort geprüft worden ist.
Immer wieder nimmt er Bezug auf die Vereinten Nationen und
deren Sanktionsbeschlüsse. Er lobt China und beruhigt die
Verbündeten Südkorea und Japan. An die Adresse Pjöngjangs
gerichtet schreiben Außen- und Verteidigungsminister: «Die
Diplomatie ist unser bevorzugtes Mittel, um Nordkoreas Kurs
zu ändern, aber sie wird durch militärische Optionen abgesichert.»[57]

Und tatsächlich beginnen sich die Wogen eine Woche nach
«*fire and fury*» zu beruhigen, obwohl Trump noch einmal eskaliert und verkündet, das amerikanische Militär stehe zum Eingreifen bereit, es sei «*locked and loaded*» – die Gewehre seien
geladen und entsichert. Ob die Nordkoreaner Trump einen
Krieg auf der Halbinsel tatsächlich zutrauen, ob also die «Mad-
man-Theorie» funktioniert, der zufolge der US-Präsident nur
verrückt genug daherreden müsse, um wirklich für unzurech-
nungsfähig gehalten zu werden? Ob die Versicherung von Mattis und Tillerson, das Kim-Regime nicht stürzen zu wollen, in
Pjöngjang für Beruhigung sorgt? Oder ob Signale aus Peking,
man sei mit der Geduld am Ende, Wirkung zeigen?

Jedenfalls verkünden die nordkoreanischen Staatsmedien am
Dienstag, dem 15. August, Kim Jong Un habe nach dem Besuch
eines Kommandopostens und nach Prüfung der Pläne, die ihm
seine Militärs vorgelegt hätten, entschieden, die Raketentest-
flüge Richtung Guam erst einmal zu verschieben. Er könne seine
Meinung allerdings jederzeit ändern, «wenn die Yankees an ihren extrem gefährlichen und rücksichtslosen Aktionen fest-
halten». Möglicherweise trägt das beim Gipfel zwischen Trump
und Xi Jinping im April 2017 in Mar-a-Lago vereinbarte gemeinsame Vorgehen nun doch Früchte.

Der amerikanische Präsident hatte zwischenzeitlich die Geduld mit dem chinesischen Partner verloren. Aber Xi ist es mit seiner harten Linie Pjöngjang gegenüber offenbar ernst. Jedenfalls stehen Mitte August plötzlich Lastwagen in langer Schlange vor den Schlagbäumen der chinesisch-nordkoreanischen Grenze. Kein Transporter mit dem in China so begehrten Meeresgetier – Krabben, Garnelen, Tintenfisch – wird mehr durchgelassen. Die konsternierten Lastwagenfahrer protestieren, halten Transparente gegen die Regierung in Peking hoch, fordern Entschädigung. Vergeblich. Mancher Fischhändler verliert viel Geld. Nordkorea könnte die finanziellen Verluste verkraften, im Jahr zuvor hat es Meeresfrüchte im Wert von 196 Millionen Dollar nach China exportiert. Schmerzlicher sind die Fernsehbilder von den Lastwagen, die sich an der Grenze stauen, und die Botschaft, die Chinas Regierende mit ihnen an das Kim-Regime senden: Provoziert nicht weiter. Wir meinen es ernst.

Es mag zwischen Washington und Peking am strategischen Vertrauen fehlen, aber in dieser August-Krise arbeiten Chinesen und Amerikaner zusammen. Zwar unterschreibt Donald Trump einen Erlass, um Benachteiligungen im bilateralen amerikanisch-chinesischen Handel und den Vorwurf des Diebstahls geistigen Eigentums untersuchen zu lassen. Aber er tut dies ohne die üblichen schrillen Töne. Und der bürokratische Prozess scheint sicherzustellen, dass mit allzu raschen Ergebnissen nicht zu rechnen ist. Trump ist das recht. Im Herbst will er China besuchen. Dieser Besuch soll von Streit möglichst frei sein. Priorität hat für ihn jetzt Nordkorea. Für chinesische Hilfe in der Auseinandersetzung mit Kim, hat er ein ums andere Mal gesagt, revanchiere er sich gern beim Thema Handel.

Noch etwas fällt auf. General Joseph F. Dunford, der Vorsitzende der Vereinigten Stabschefs, wird bei einer Reise nach China mit allen Ehren empfangen. Wichtigstes Ziel seiner Reise ist es, mit den Chinesen Kommunikationskanäle zu etablieren, um Missverständnisse zu vermeiden, sollte auf der koreanischen Halbinsel tatsächlich ein Krieg ausbrechen. Die Chinesen widmen Trumps wichtigstem militärischen Berater größte Aufmerksamkeit. Nicht nur trifft der General mit Staatschef Xi Jinping zusammen. Er besucht auch das für die Grenze zu Korea zuständige Militärkommando und nimmt dort an einem Manöver teil. Dass China den Top-General des Pentagons in dieser angespannten Lage demonstrativ hofiert, wird von amerikanischer Seite als klares Signal des Missfallens Richtung Nordkorea verstanden.[58]

Kann es sein, dass das in Mar-a-Lago verabredete Arrangement zwischen China und den Vereinigten Staaten zur Lösung der Nordkoreakrise belastbarer ist, als es zwischenzeitlich schien? David Ignatius, der erfahrene Kolumnist der *Washington Post*, zeigt sich schon am Tag von «fire and fury» erstaunlich optimistisch. «Sollten Washington und Peking es schaffen, im Umgang mit Pjöngjang zusammenzubleiben, dann öffnet sich die Tür zu einer neuen Ära, in der China eine größere und verantwortlichere Rolle in den globalen Angelegenheiten spielen wird, so wie es seiner wirtschaftlichen Macht entspricht.» Ignatius nennt auch die Alternative: «Gelingt es den großen Mächten nicht zu kooperieren, dann wird die Tür zuschlagen – und dann wird dies möglicherweise einen katastrophalen militärischen Konflikt auf der koreanischen Halbinsel auslösen.» Aber der bestens vernetzte Ignatius vermeint, im außenpolitischen Establishment Amerikas Zuversicht zu spüren: «Wenn China und die Vereinigten Staaten einen gemeinsamen Weg finden und die Krise friedlich lösen, dann werden sie Erfolg haben bei der Modernisierung der globalen Ordnung.»[59]

Man reibt sich die Augen: Drohten nicht eben noch Zusammenstöße zwischen der amerikanischen und der chinesischen Marine im Südchinesischen Meer? Und jetzt lässt sich der oberste US-Soldat in Kampfmontur beim Lunch mit Soldaten der Volksbefreiungsarmee fotografieren. Die Chinesen protestieren zwar gegen die fast zeitgleich beginnenden jährlichen südkoreanisch-amerikanischen Manöver, aber sie selbst halten keine Militärübungen mit den Nordkoreanern ab, obwohl sie offiziell noch immer deren Verbündete sind. Nach dem Vertrag über Freundschaft, Zusammenarbeit und gegenseitige Unterstützung aus dem Jahr 1961 ist China verpflichtet, Nordkorea bei einem Angriff zu Hilfe zu kommen. Diese Verpflichtung gilt allerdings nicht, wenn der Norden von sich aus einen Krieg beginnt.

Die Regierung Trump sucht nicht nur den Zusammenhalt mit Peking. Sie möchte auch die aufgeschreckten Verbündeten Südkorea und Japan beruhigen. Aus Tokio reisen der Außen- und der Verteidigungsminister, beide neu im Amt, nach Washington. Jede Debatte in Japan, das Land könnte unter dem amerikanischen Nuklearschirm nicht mehr sicher sein, soll mit einer Bekräftigung der Schutzgarantie im Keim erstickt werden. Japans Verteidigungsministerium plant, das hochmoderne US-Raketenabwehrsystem Aegis Ashore einzuführen. Eine einzige Abwehrbatterie kostet 728 Millionen Dollar. Die Amerikaner sind gern bereit, bei der Modernisierung der japanischen Verteidigung zu helfen.

Schwieriger ist es für Washington, den Südkoreanern ihre Sorgen zu nehmen. Bei ihnen haben Trumps Drohungen helles Entsetzen ausgelöst. Nach einem langen Telefonat mit Trump erklärt Staatspräsident Moon Jae In: «Südkorea kann niemals akzeptieren, dass auf der koreanischen Halbinsel wieder ein Krieg ausbricht.» Am Jahrestag des Kriegsendes und der Befreiung von japanischer Kolonialherrschaft, der in beiden Teilen Koreas gefeiert wird, wendet sich Moon an die Nation: «Niemandem sollte erlaubt sein, ohne südkoreanische Zustimmung über eine Militäraktion auf der koreanischen Halbinsel zu entscheiden.» Dies ist eine klare Absage an jeden Gedanken eines Präventivschlages. Moon weiß, dass er Washington gegenüber keine Schwächen zeigen darf. Die Koreaner sind ein stolzes Volk. Ein Präsident, der in dieser Frage von tödlichem Ernst die Interessen Südkoreas nicht mit aller Entschiedenheit vertritt, hätte in seinem Amt versagt. Die Koreaner würden sich von ihm abwenden. In einer vom Fernsehen übertragenen Pressekonferenz behauptet Moon, der amerikanische Präsident habe ihm «volle Konsultationen» zugesagt. «Das ist eine feste Vereinbarung zwischen Südkorea und den USA», bekräftigt Moon Jae In. «Die Menschen können versichert sein, es wird keinen Krieg geben.» Hat Donald Trump dem südkoreanischen Präsidenten ein Veto-Recht eingeräumt? Kaum vorstellbar, wenn es um die Sicherheit der Vereinigten Staaten geht.

Die Leichtfertigkeit, mit der in Washington über «militärische Optionen» diskutiert wird, empört die Südkoreaner. Kim Young Hie, renommierter Kolumnist bei der Zeitung *JoongAng Ilbo*, schreibt: «Es ist schamlos, wenn jemand offen sagt, es sei ihm egal, ob Korea zerstört werde und Hunderttausende Koreaner sterben könnten bei einer Militäraktion, deren Ziel es ist, das amerikanische Festland zu verteidigen.» Kim Young Hie zielt damit auch auf den republikanischen Senator Lindsey Graham aus South Carolina, der in der «Today Show» des Fernsehsenders NBC verkündet hatte: «Wenn Tausende sterben, dann sterben sie dort drüben – nicht hier.» Dieser Ansicht sei im Übrigen auch Präsident Trump: «Das hat er mir ins Gesicht gesagt.» Was braucht man Feinde, wenn man solche Freunde hat, mag mancher Südkoreaner seufzen, der diese Worte hört.

Aus Trumps Sicht haben alle seine Vorgänger in Korea versagt. Bill Clinton, George W. Bush und natürlich Barack Obama mit seiner Politik der «strategischen Geduld». Keiner habe die nötige Härte im Umgang mit den Nordkoreanern bewiesen, keinem sei es gelungen, China in die Verantwortung zu nehmen. Aber während der Präsident noch tobt und droht, rudern die «Erwachsenen» in seiner Regierung – der Außen- und der Verteidigungsminister, der Nationale Sicherheitsberater und der Stabschef im Weißen Haus – zurück. Rex Tillerson und James Mattis, John F. Kelly und H. R. McMaster betreiben kühle Macht- und Interessenpolitik. Wenn sie nach den Widersprüchen innerhalb der Regierung gefragt werden, sagen Tillerson und Mattis, ihre Politik werde «vom Präsidenten gedeckt».

Doch dann reist dieser Präsident im September 2017 nach New York und droht vor der UN-Vollversammlung mit der «totalen Vernichtung» Nordkoreas. Der «Raketenmann» in Pjöngjang, dröhnt Trump, befinde sich auf einer «Selbstmordmission». Umgehend schlägt Kim Jong Un mit Beleidigungen gegen den «geistesgestörten, senilen US-Trottel» zurück und kündigt «härteste Gegenmaßnahmen» an. Wie die aussehen könnten, sagt sein Außenminister in New York: Nordkorea könnte über dem Pazifik eine Wasserstoffbombe zünden.

Ein H-Bombentest in der Atmosphäre? Den hat es zuletzt 1980 gegeben. Mit einem solchen Versuch würden die nordkoreanischen Provokationen noch einmal eine neue Dimension erreichen. Wäre das für die Amerikaner dann der casus belli? Mochten die Verbündeten noch so sehr zur Mäßigung aufrufen, mochten Experten und Diplomaten in Washington noch so sehr für eine Politik der Eindämmung plädieren: Die Regierung Trump war im Herbst 2017 nicht bereit, sich mit einer Nuklearmacht Nordkorea abzufinden, das für sie Inakzeptable zu akzeptieren. Der Krieg blieb für Trump im Nordkoreakonflikt eine Option.

II. Das Regime der Kims

1. Die Macht bleibt in der Familie

Es ist der 8. Juli 1994. Ein Volk weint um seinen Gott. Vor seinem bronzenen Abbild werfen sich Zehntausende klagend zu Boden. Die Trauernden im Zentrum Pjöngjangs liegen vor ihrem «Großen Führer» im Staub. Noch im Tod soll seine Legende weiterleben. So will es die unbarmherzige Regie eines Staates, an dessen Firmament seit seiner Gründung nur eine Sonne leuchten durfte. Jetzt ist sie erloschen. Kim Il Sung ist tot. Fast ein halbes Jahrhundert lang herrschte er über sein Volk. Die Nordkoreaner kannten nur diesen einen Führer, in tausend Liedern und Gedichten besungen, in Stein gehauen und in Bronze gegossen. Sein Bild hing in allen Amtsstuben, in allen Fabriken und allen Klassenzimmern, als Anstecknadel trugen die Untertanen sein Antlitz auf ihren Jacken über dem Herzen.

Kim Il Sung, am 15. April 1912 geboren, kam mit 33 Jahren an die Macht. Japans Kaiser Hirohito hatte am 15. August 1945 nach den Atombombenabwürfen auf Hiroshima und Nagasaki vor der Übermacht der Vereinigten Staaten kapituliert, auch in Asien war der Zweite Weltkrieg zu Ende. Kim hatte als Anführer einer Partisanengruppe in Korea und der Mandschurei gegen die Japaner gekämpft und dabei die Unterstützung der Sowjetunion gewonnen. Obwohl seine Gruppe, die Kapsan-Fraktion, unter den miteinander rivalisierenden nationalistischen und kommunistischen Gruppen die kleinste war, konnte sie nach Kriegsende mit Hilfe Moskaus im Norden Koreas die Macht erringen.[60] Am 9. September 1948 wurde die Demokratische Volksrepublik Korea gegründet. Im Süden des Landes war schon wenige Wochen zuvor, am 15. August, die Republik Korea ausgerufen worden. Die Halbinsel, seit 1910 japanische Kolonie, war von den Siegermächten des Weltkriegs ihren jeweiligen Einflusszonen zugeschlagen worden. In Seoul regierte als erster Präsident Südkoreas Syngman Rhee, ein treuer Gefolgsmann der Amerikaner und fanatischer Antikommunist, mit autokratischer Härte. In Pjöngjang übernahm Kim Il Sung als neuer Ministerpräsident die Regierungsgeschäfte. Die beiden Regime standen sich von Anfang an in unerbittlicher Feindschaft gegenüber.

Der glühende Nationalist Kim Il Sung ordnete sein Handeln

einem Ziel unter: der Vereinigung des Vaterlandes unter seiner Herrschaft. Er wollte die amerikanischen Imperialisten und ihre südkoreanischen Kettenhunde aus dem Land und von der Macht vertreiben, so hämmerte es die Propaganda den Nordkoreanern unablässig ein. Dafür rüstete Kim Il Sung den Norden auf. Dafür führte er Krieg, kaum dass er an die Macht gelangt war.

Am 25. Juni 1950 überschreiten die nordkoreanischen Truppen den 38. Breitengrad. Der Kalte Krieg hat Europa bereits in Ost und West geteilt. Dort, nicht in Asien, werde sich das Ringen der Supermächte um die Weltherrschaft entscheiden, glaubt man sowohl in Washington als auch in Moskau. Kim Il Sung wähnt sich im Windschatten der weltpolitischen Konfrontation, als er den Befehl zum Angriff auf den Süden gibt. Stalin und Mao Zedong, der im Jahr zuvor als Sieger aus dem chinesischen Bürgerkrieg hervorgegangen ist, lassen den ehemaligen Partisanenführer gewähren. Amerika, so haben sie die Signale aus Washington gedeutet, werde es in Korea nicht auf eine militärische Kraftprobe ankommen lassen. Schließlich hat US-Außenminister Dean Acheson in einer Rede am 12. Januar 1950 Amerikas Sicherheitsperipherie entlang einer Linie von den Aleuten im Norden über Japan bis zu den Philippinen im Süden definiert. Korea liegt außerhalb dieser Interessenzone.

Ohne Amerikas demonstrative Politik des «Disengagement» in Ostasien hätte Kim Il Sung den Angriff wohl nicht gewagt. Aber seine Rechnung geht nicht auf. Auch in Asien will Washington den Kommunismus «eindämmen». Mit einem Mandat der Vereinten Nationen setzt Präsident Harry S. Truman US-Truppen zur Verteidigung Südkoreas in Marsch. Der UN-Sicherheitsrat, der dieses Mandat erteilt hat, wird von der Sowjetunion zu jener Zeit boykottiert; die Volksrepublik China ist 1950 noch nicht Mitglied der Vereinten Nationen.

Bei Kriegseintritt der Amerikaner haben die Nordkoreaner schon Seoul erobert und sind fast bis an die Südspitze der Halbinsel vorgedrungen. Nach einem wagemutigen Landeunternehmen General Douglas MacArthurs bei der Hafenstadt Incheon werden sie hinter den 38. Breitengrad zurückgeworfen. Die Alliierten stoßen weiter vor, bis an die Grenze der Mandschurei. Jetzt fühlt sich die Volksrepublik China unmittelbar bedroht und schickt Hunderttausende von «Freiwilligen» über den Grenzfluss Yalu nach Süden. In Korea droht ein neuer Weltkrieg.

Als Douglas MacArthur empfiehlt, den Krieg nach China hineinzutragen, und öffentlich über den Einsatz von Atomwaffen nachdenkt, entlässt Präsident Truman am 11. April 1951 seinen Korea-Befehlshaber. Die Front hat sich zu diesem Zeitpunkt entlang des 38. Breitengrades stabilisiert. Aber erst zwei Jahre später, am 27. Juli 1953, wird im Grenzort Panmunjom ein Waffenstillstandsabkommen unterzeichnet. Es gilt bis zum heutigen Tag. Ein Friedensvertrag wurde nie geschlossen. Nordkorea und die Vereinigten Staaten befinden sich juristisch noch immer im Krieg – einer der Gründe, warum Nordkorea sich in seiner Sicherheit bedroht fühlt.

Der Koreakrieg kostete über eine Million Menschen das Leben. Er zementierte die Spaltung des Landes und zerriss zahllose Familien auf immer: Zehn Millionen Koreaner haben ihre Angehörigen im anderen Teil des Landes nie wieder gesehen. Der Norden duldete keine Besuche, keine Briefe, keine Telefongespräche. Viel stärker als die Deutschen mussten die Koreaner unter dem Schmerz der Teilung leiden. Sie war nicht nur unüberwindbar, sie war auch gänzlich unverschuldet; es hatte keinen koreanischen Angriffskrieg gegen die Nachbarn gegeben. Es gab nur die brutale Logik der Weltmächte, die ihre Claims in Fernost ausgerechnet auf der von den Japanern geräumten Halbinsel absteckten.

Dreieinhalb Jahrzehnte lang, von 1910 bis 1945, hatten die Koreaner unter dem Joch der japanischen Kolonialherrschaft gelebt. Sie mussten japanische Namen annehmen. Japanisch wurde in der «Provinz Chosen» zur Amtssprache, auch in den Schulen wurde auf Japanisch unterrichtet. Am 15. August 1945, dem Tag der Befreiung, sollten politische Unterdrückung und wirtschaftliche Ausbeutung ein Ende haben. Die Koreaner hofften, endlich wieder Herren ihres Schicksals zu werden. Doch die Weltmächte gönnten ihnen den Neuanfang in Freiheit und Unabhängigkeit nicht.

Ohne dieses historische Unrecht ist die Herrschaft Kim Il Sungs und der von ihm begründeten Dynastie nicht zu verstehen. Kim war immer eher Nationalist als Kommunist. Die nordkoreanische Ideologie idealisierte ein Bild des reinen Koreas, das bis heute nicht frei ist von Rassismus und Xenophobie. Mit der Lehre von einem ethnisch homogenen Koreanertum und einem Führer, der sein verletzliches Volk behütet, argumentiert der amerikanische Autor B. R. Myers, sei die Weltsicht der nordkoreanischen Führung dem Faschismus näher als dem Marxismus.[61]

Kims Macht ruhte auf drei Säulen: der Partei, dem Staatsapparat und dem Militär. Der Tyrann ließ einen monströsen Kult um seine Person entfalten. Keine Stadt in Nordkorea ohne Kim-Il-Sung-Statue, keine Wohnung ohne das Bild des «Großen Führers», kein Stuhl, auf dem er je Platz genommen hatte, ohne eine Gedenkplakette. Kim war einzig, allwissend, ein gütiger Vater. «Er verwandelte unser Land, in dem seit Menschengedenken Rückständigkeit und Armut geherrscht hatten, in ein mächtiges sozialistisches Land, das unabhängig ist, sich selbst versorgt und sich auf die eigene Kraft stützt», rühmte ihn der offizielle Nachruf.

In Wahrheit war Kim ein gnadenloser Despot, in dessen Gulag bis zu 200 000 politische Gefangene ein elendes Leben fristeten. Nordkoreas Gesellschaft wurde von ihm in drei Klassen unterteilt: in die «Getreuen», auf die sich das Regime verlassen konnte, die «Schwankenden», die noch auf den rechten Weg gebracht werden konnten, und die «feindlichen Elemente», auf die im Zweifel das Arbeitslager wartete.[62]

Politischer Verfolgungswahn und wirtschaftlicher Aberwitz

führten Nordkorea in den Ruin. Ursprünglich war der Norden der wohlhabendere, industriell weiter entwickelte Teil Koreas. Anfang der siebziger Jahre lagen Nord und Süd wirtschaftlich noch in etwa gleichauf, danach stürzte der Norden regelrecht ab. Im Jahr 2017 lag das Bruttoinlandsprodukt pro Kopf in Nordkorea bei etwa 1800 US-Dollar, in Südkorea bei 36 500 US-Dollar, dem Zwanzigfachen!

Der nordkoreanischen «Juche»-Ideologie folgend, hat Kim sein Reich von der Außenwelt weitgehend abgeschottet. Übersetzt heißt Juche «Herr des eigenen Körpers». Das Land soll sich auf die eigenen Kräfte stützen, es darf sich nicht auf andere verlassen, das ist der Kern dieser Ideologie. Unabhängigkeit um jeden Preis. In Wahrheit war Nordkorea seit Anfang der sechziger Jahre in hohem Maße abhängig von der Hilfe Russlands, Chinas und anderer Staaten des sozialistischen Lagers. Als die Sowjetunion 1990 zerbrach, erwies sich die Propaganda von der Eigenständigkeit sehr schnell als ein Mythos.[63]

Dennoch ist ein Verständnis dieser Ideologie wichtig, will man die besondere Form politischer Herrschaft in Nordkorea begreifen. Rüdiger Frank, einer der besten Kenner Nordkoreas, der an der Universität Wien Wirtschaft und Gesellschaft Ostasiens lehrt, sieht in der «Juche»-Lehre eine «Abkehr vom Dogmatismus des Marxismus-Leninismus». Weil der Mensch «Herr über alles» sei, werde «seine Unterwerfung unter gesellschaftliche Gesetzmäßigkeiten verneint, also der Kern des Marxismus verworfen».[64] Die nordkoreanische Propaganda gebrauche Parolen wie «unsere Nation zuerst» oder «unsere Rasse zuerst». Nicht sozialistische oder internationalistische Gedanken stünden also im Vordergrund. Rüdiger Frank: «Heute dominiert der Nationalismus.»[65] Im Übrigen sei «die Ideologie darauf ausgerichtet, das Wort des Führers zur unumstößlichen und nicht hinterfragbaren Autorität zu machen. (…) Die Wege des Führers sind für den Normalbürger unergründlich – wozu würde er sonst einen Führer brauchen.»[66]

Ausgerechnet der Erfinder der «Juche»-Ideologie wechselte im Alter von 73 Jahren auf die südkoreanische Seite. Für das Regime eine Demütigung sondergleichen. Hwang Jang Yop, Chefideologe der Partei der Arbeit, im Zentralkomitee zuständig für internationale Angelegenheiten, kehrte im Februar 1997 von einer Auslandsreise nicht nach Pjöngjang zurück. Bei einer Zwischenlandung in Peking setzte er sich in ein Taxi und ließ sich zur Botschaft Südkoreas fahren. Der Süden veröffentlichte kurz darauf ein angebliches Schreiben Hwangs, in dem es hieß: «Können wir Leute geistig normal nennen, die davon reden, sie hätten ein Paradies für die Arbeiter und Bauern geschaffen, wenn die Arbeiter und Bauern hungern?»

Es war die Zeit des schrecklichen Mangels, die Nordkoreaner durchlitten den «Marsch des Entbehrens», wie das Regime die Hungersnot in der zweiten Hälfte der neunziger Jahre nannte. Hunderttausende, vielleicht bis zu einer Million Menschen starben. Hwang Jang Yop war ein enger Weggefährte von Republikgründer Kim Il Sung gewesen. Von der Akademie der Sozialwissenschaften aus steuerte er mit einem Heer von Propagandisten den Personenkult um den gütigen Vater und den genialen Sohn. Wie wenige andere kannte Hwang, der «Kopf hinter dem Mysterium» (*Newsweek*), die Geheimnisse des Machtzentrums. War es die schnöde Flucht eines an den Rand gedrängten Spitzenfunktionärs? Oder die Verzweiflungstat eines Patrioten, der in der Aussöhnung mit dem Süden die einzige Chance sah, das darbende Nordkorea vor dem vollständigen Zusammenbruch zu bewahren? «Er suchte eine Gesprächsmöglichkeit», sagte ein Koreaforscher, der dem «Juche»-Erfinder einmal begegnet war. Hwang sei niemand, der einfach zum Feind überlaufe. Vielleicht war es dies, ein Hilfeschrei am Ende eines gescheiterten Lebens.[67]

Kim Il Sung war seit drei Jahren tot, als Hwang sich von dem Regime lossagte. Und drei Jahre lang trauerte das Volk um den einzigen Gott, den es anbeten durfte, legte Blumen an den Füßen seiner Bronzestatuen nieder – und dankte für den Sohn, der ihm geschenkt wurde. Kim Jong Il war von seinem Vater zwanzig Jahre lang auf die dynastische Thronfolge vorbereitet worden. Dem Sohn, geboren am 16. Februar 1942, fehlte die politische Autorität des Guerillaführers aus der Zeit des Kampfes gegen die Japaner, das Charisma des Weggefährten von Stalin und Mao Zedong. Dafür bewährte sich Kim Jong Il in der langen Zeit des Wartens durch brutale Terrorakte. Jedenfalls mutmaßte dies der südkoreanische Geheimdienst. Nach dessen Erkenntnissen stand Kim Jong Il als Chef der Spezialtruppen hinter dem Attentat von Rangun 1983, bei dem das halbe südkoreanische Kabinett starb, ebenso wie hinter dem Anschlag auf eine Passagiermaschine der Korean Airlines mit 115 Toten über der Andamanensee 1987. Auch ein Stoßtrupp-Unternehmen auf den Präsidentenpalast in Seoul wurde ihm zugerechnet. Der Sohn, von kleiner, eher rundlicher Statur, mit hoch toupiertem Haar und Plateausohlen, gekleidet in die stets gleiche hellbraune Blousonkluft mit strammem Gummizug über dem Bauch – war er Nordkoreas oberster Terrorist?

Es gab auch ein anderes Bild von ihm, das des Trunkenbolds und Frauenhelden, unsicher im Auftreten und emotional wenig stabil. Des leidenschaftlichen Cineasten mit einer riesigen Sammlung von Hollywood-Filmen, der südkoreanische Schauspielerinnen und Regisseure entführen ließ, um das Niveau der eigenen Filmproduktion zu heben. Des Liebhabers teuren französischen Rotweins mit eigenem japanischen Sushi-Koch. Die Wahrheit kannte außerhalb Nordkoreas niemand. Kim Jong Il blieb der Welt ein Rätsel.

Im Dezember 1997 reiste eine Delegation der Deutschen Welthungerhilfe nach Nordkorea, in ein Land der Not und des Elends. Ich durfte sie als Journalist begleiten. Im Gebäude der «Großen Volksversammlung» empfing uns Außenminister Kim Yong Nam. Kurz darauf wurde er Vorsitzender der Volksversammlung und damit protokollarisches Staatsoberhaupt. Als wollte er die irrigen Vorstellungen korrigieren, die der Westen vom «Geliebten Führer» hatte, hielt er uns einen langen Vortrag über die wahren Verhältnisse in seinem Land. «Unsere Gesellschaft ist eine Einheit von Führer und Volk», las er von säuberlich getippten Blättern ab. «Das ganze Volk hält den Großen Führer für seinen Vater, und die Obhut der Partei ist mit der Obhut einer Mutter zu vergleichen.» Kim Il Sung war vor drei Jahren gestorben. Aber der Parlamentspräsident hatte eine tröstliche Botschaft für uns parat. «Unser Volk hat ihn nicht vergessen, und die Gefühle für ihn werden immer groß sein. Unser Geliebter Führer hat, um diese Gefühle zu respektieren, eine neue Zeitrechnung eingeführt: Juche.» Nordkoreas neue Zeitrechnung beginnt 1912, im «Jahr der Sonne», in dem Kim Il Sung geboren wurde. Wir besuchten das Land also nicht im Jahr 1997, wie wir glaubten, sondern im Jahr «Juche 86».[68]

Nordkorea, so schien es, war tatsächlich aus der Zeit gefallen, die Menschen dort lebten auf ihrem eigenen Planeten. Und der kreiste inzwischen um die neue Sonne Kim Jong Il. Als er im Februar 2002 seinen 60. Geburtstag feierte, da bedeckte sechzig Tage lang sechzig Zentimeter hoher Schnee den heiligen Berg Paektu. Und am Himmel zog eine Wolke in der Form einer Kimjongilia vorüber, der dem Führer geweihten Staats-Begonie. So schrieben es die Zeitungen.

Alles ziemlich irre. Aber, so mahnen diejenigen, die Kim Jong Il persönlich begegnet sind, nehmt den Wahn nicht für die Wirklichkeit. Als Südkoreas Präsident Kim Dae Jung im Juni 2000 zum ersten innerkoreanischen Gipfel nach Pjöngjang reiste, traf er auf einen jovialen, selbstbewussten Gastgeber, der beim Bankett mit ihm alte Volkslieder sang. Die Südkoreaner waren verblüfft, fassten ein wenig Vertrauen zum Herrscher im Norden. Kim Dae Jung rühmte später den «gesunden Menschenverstand» Kim Jong Ils.

Ähnlich Madeleine Albright, die im Oktober 2000 zwölf Stunden lang in Pjöngjang mit Kim Jong Il sprach. «Er ist nicht

verrückt», berichtete die amerikanische Außenministerin. «Isoliert ja, aber nicht uninformiert.» Kim führte ihr seinen Computer vor, mit dem er im Internet unterwegs war. Die Berichte
von CNN über sein Treffen mit Albright hatte er genau verfolgt.
Am Ende nahm er Bill Clintons Chefdiplomatin mit ins große
Sportstadion von Pjöngjang, in dem Hunderttausende den
55. Geburtstag von Nordkoreas Partei der Arbeit feierten. «Mit
Gewehren schützen wir unsere mächtige Nation!», skandierten
sie. Der Geliebte Führer lächelte Amerikas Außenministerin ver-
sonnen von der Seite an.

Inzwischen hing auch Kim Jong Ils Bild in jedem Büroraum
Nordkoreas, in jeder Kaserne und jedem Kindergarten. Es hing
nie allein: links der Vater Kim Il Sung, der Große Führer, nun
der «Ewige Präsident»; rechts der Sohn, der Geliebte Führer
und Verehrte General. «Fat Man and Little Boy», lästerte ein
Reporter von *Vanity Fair* über das Paar. So hatten die Amerikaner die beiden Atombomben genannt, die Hiroshima und Nagasaki verwüsteten.

Ein kommunistisches Land ist das Reich der Kim-Dynastie
nicht. Es ist auch keine klassische Parteidiktatur, eher eine feu-
dalistische Despotie, beherrscht von wenigen Familien, die
schon mit dem Großen Führer gegen die Japaner kämpften. Der
Kim-Clan und vielleicht zwanzig Familien mit rund zweihundert Mitgliedern: Das ist der innere Zirkel der Macht, aus dem
nie ein Wort nach draußen dringt. Diese zweihundert Leute stehen an der Spitze der gesellschaftlichen Pyramide. Die Siche-
rung ihrer Macht ist oberstes Ziel aller Politik. Und die hohe
Kunst dabei ist es, einen Machtwechsel ohne Machtkämpfe hin-
zubekommen.

Im August 2008 erlitt Kim Jong Il im Alter von 66 Jahren
einen Schlaganfall. Monatelang verschwand er aus der Öffentlichkeit. Als er wieder auftrat, war er mager geworden, er wirkte
hinfällig und alt. Kim war von seinem Vater früh auf die dynastische Nachfolge vorbereitet worden, zwanzig Jahre lang

stimmte die staatliche Propaganda das Volk auf die Machtüber-
nahme ein. Auch für Kim Jong Il stand fest: Die Macht muss in
der Familie bleiben. Und so begann mit seiner Erkrankung die
Spekulation, welchen seiner drei Söhne er auserkoren hatte, sein
Erbe anzutreten. Südkoreanische Zeitungen wussten schon früh
zu berichten, dass die Wahl wohl auf den jüngsten Sohn, Kim
Jong Un, fallen würde. Der war damals erst Mitte zwanzig, niemand kannte sein genaues Geburtsdatum.

Was man wusste: Kim Jong Un hatte zwei Jahre lang, von
1998 bis 2000, die Schule Liebefeld-Steinhölzli in der Nähe der
Schweizer Hauptstadt Bern besucht. Pak Un nannte er sich damals, trug gern Nike-Schuhe, spielte viel Basketball und schaute
sich Actionfilme mit Jackie Chan an. Ende 2010 heftete der
Vater Kim Jong Un vier Generalssterne auf die Schulterklappen.
Damit war klar: Die Erbfolge in Pjöngjang war geregelt. Obwohl die Entscheidung gefallen war, ging Nordkorea durch eine
Phase der Unsicherheit. Trauten die Generale und die Spitzenfunktionäre Kim Jong Un das höchste Amt nicht zu? Hielten sie
ihn einfach für zu jung, zu labil, zu unberechenbar? Fürchteten
sie um ihren Einfluss und ihre Privilegien?

Deutlich wurde diese Verunsicherung an einer wachsenden
Aggressivität nach außen. Am 26. März 2010 traf ein Torpedo
die südkoreanische Korvette Cheonan in einem zwischen Nord
und Süd umstrittenen Seegebiet, 46 Seeleute fanden den Tod.
Eine Untersuchung ließ keinen Zweifel, dass ein nordkoreanisches U-Boot den Torpedo auf die Cheonan abgeschossen hatte.
Nur wenige Monate später, im November 2010, griff nordkoreanische Artillerie die südkoreanische Insel Yeonpyeong an. Sie
liegt nur zwei Seemeilen von der Grenzlinie entfernt, die zwischen Süd- und Nordkorea im Meer verläuft. Immer wieder war
es hier zu Zwischenfällen gekommen. Yeonpyeong beherbergt
eine südkoreanische Garnison mit rund tausend Marinesol-
daten; einige der modernsten Kriegsschiffe liegen im Hafen. Für
das nordkoreanische Militär ein lohnendes Ziel. Nur gab es für

den Angriff keinen erkennbaren Grund. Auslöser könnte ein südkoreanisches Militärmanöver gewesen sein. Oder die wachsende Nervosität in Pjöngjang.

Ein Jahr später, am 17. Dezember 2011, starb Kim Jong Il. Wieder warfen sich in Nordkoreas Hauptstadt die Menschen schluchzend zu Boden. Und wieder wusste man nicht, ob sie der Schmerz überwältigte, ob sie von der Massenhysterie mitgerissen wurden, oder ob sie einfach wussten, was vor den Fernsehkameras des Regimes von ihnen erwartet wurde. Wie vorhergesagt, übernahm Kim Jong Un die Macht. Die Kim-Dynastie regierte nun in dritter Generation.

Mit dem neuen Herrscher zog auch ein neuer Stil ein. Kim Jong Un wandte sich über das Fernsehen an das Volk, so wie es sein Großvater Kim Il Sung zu tun pflegte. Der misanthropische Kim Jong Il dagegen hatte die Kameras gescheut, er ließ seine Neujahrsansprache lieber als Leitartikel in der Parteizeitung verbreiten. Der Enkel, in Aussehen und Gebaren dem Großvater verblüffend ähnlich, gab sich wie der Dynastiegründer volkstümlich. Dessen Ausstrahlung mochte er nicht haben, aber er ging unter die Leute, schüttelte jovial die Hände seiner Untertanen. Mit seiner Frau besuchte er Vergnügungsparks und Popkonzerte. Er gab sich umgänglich – und scheute doch vor keiner Schandtat zurück.

Schon zwei Jahre, bevor Kim Jong Un die Macht übernahm, war spekuliert worden, wegen seiner Jugend und Unerfahrenheit könne ihm ein Aufpasser an die Seite gestellt werden. Ein «Regent», bei dem die eigentliche Macht liegen würde. Und dafür kam eigentlich nur Chang Song Taek in Frage, der Schwager Kim Jong Ils und Chef der Staatssicherheit. Chang war der Ehemann von Kim Jong Ils Schwester Kim Kyung Hee, die im Politbüro der Arbeiterpartei saß und als mächtigste Frau Nordkoreas galt. Chang kontrollierte nicht nur die Staatssicherheit, er saß nicht nur im mächtigen Nationalen Verteidigungsrat – er war auch der Verbindungsmann Pekings in Pjöngjang. Zwei

Jahre später lebte der Onkel des jungen Diktators, die graue Eminenz des Regimes, nicht mehr.

Kim Jong Un mochte jung sein und unerfahren, an kaltblütiger Brutalität mangelte es ihm nicht. Das Diktatorenhandwerk beherrschte er von Anfang an wie die Alten. Wehe demjenigen, dem er misstraute! Als Erstes säuberte er die Armeeführung. Von den vier Spitzenmilitärs, die im Dezember 2011 mit ihm den Sarg seines Vaters begleiteten, war ein Jahr später keiner mehr im Amt. Seinen Onkel Chang Song Taek, der ihm zu mächtig und zu selbstherrlich geworden war, ließ er aus einer erweiterten Sitzung des Politbüros heraus verhaften und Ende 2013 nach kurzem Prozess vor ein Erschießungskommando stellen. Seit Kim von seinem Vater die Macht übernahm, hat er mehr als dreihundert führende Funktionäre und Militärs hinrichten lassen.

Selbst den eigenen Halbbruder schont er nicht. Kim Jong Nams Leben währt nur 46 Jahre. Am 13. Februar 2017 treten auf dem Flughafen von Malaysias Hauptstadt Kuala Lumpur zwei junge Frauen, eine Indonesierin und eine Vietnamesin, an ihn heran. Kim ist auf dem Weg nach Macao, dem Spielerparadies im Süden Chinas, wo er seit Jahren unter dem Schutz der chinesischen Regierung lebt. An einem Billigflugterminal wartet er auf seinen Flug, kein Leibwächter ist bei ihm. Die beiden Frauen drücken dem überrumpelten Kim ein Tuch auf das Gesicht, dann laufen sie davon. Das Tuch, stellt sich später heraus, ist mit VX getränkt, dem stärksten aller Nervengifte. Zehn Milligramm, ein kleiner Tropfen der öligen, geruchlosen Flüssigkeit reichen aus, um einen Menschen zu töten.

Der anfänglichen Version der beiden, sie hätten geglaubt, für einen Fernsehulk vor versteckter Kamera angeheuert worden zu sein, widerspricht Malaysias Polizeichef entschieden. Die zwei seien auf den Anschlag vorbereitet worden, sagt Khalid Abu Bakr. «Sie wussten, was sie taten.» Organisiert wurde der Anschlag, ermittelt die malaysische Polizei, von Mitarbeitern der nordkoreanischen Botschaft in Kuala Lumpur und einem An-

gestellten der nordkoreanischen Fluglinie Air Koryo. Vier Ver-
dächtige setzen sich über Jakarta nach Nordkorea ab. In Seoul
unterrichtet der Geheimdienst Abgeordnete der Nationalversammlung über seine Erkenntnisse. Danach arbeiteten vier von
acht Verdächtigen für die nordkoreanische Staatssicherheit, zwei
für das Außenministerium.

Kim Jong Nam hatte wiederholt Kritik an den Verhältnissen
in Nordkorea geübt, auch an der dynastischen Thronfolge innerhalb der Familie Kim. Und er hatte sich für eine Übernahme
der chinesischen Wirtschaftsreformen ausgesprochen. Wie der
hingerichtete Chang Song Taek galt auch Kim Jong Nam in
Pjöngjang als Mann Chinas. Vielleicht war das sein Verderben.
Vielleicht waren es seine freimütigen Interviews in westlichen
Medien. Vielleicht sollte sich einfach nicht in der Ferne ein An-
wärter auf die Macht bereithalten. Wenige Wochen nach dem
Anschlag in Kuala Lumpur wurde der Leichnam Kim Jong
Nams nach Nordkorea überführt.

2. Auf dem Marsch des Entbehrens

Das Unheil nahm mit erbarmungsloser Konsequenz seinen
Lauf. Es hatte drei Ursachen, die auf tragische Weise ineinander-
griffen und sich zur Katastrophe verdichteten. Die erste Ursache
war der Zusammenbruch der Sowjetunion und der Niedergang
des sozialistischen Lagers. «Seit 1987 hatte Moskau seine um-
fangreiche Hilfe für Nordkorea immer stärker zurückgefahren
und dann schließlich eingestellt; die Volksrepublik China begann, für einen Großteil ihrer Lieferungen Weltmarktpreise zu
berechnen und Devisen zu verlangen. Zugleich brachen Nordkoreas gesicherte Absatzmärkte in den sozialistischen Staaten
weitgehend zusammen.»[69] Als die einstigen Bruderstaaten Ge-
treide, Düngemittel und Pestizide nur noch gegen Cash liefern
wollten, wurde es rasch kritisch bei der Versorgung. Auf den in-

ternationalen Märkten konnte der Staat mangels fremder Währungen nicht einkaufen.

Die zweite Ursache war eine Häufung von Naturkatastrophen. Zwei Überschwemmungen verwüsteten 1995 und 1996 weite Gebiete Nordkoreas, im Jahr darauf vernichteten zuerst eine Dürre und dann ein Taifun einen Großteil der Ernte. Die dritte Ursache aber war die folgenschwerste. Die Kollektivierung der Landwirtschaft und ideologisch motivierte «Modernisierungsprogramme» hatten zu niedrigen Erträgen geführt, zu übersäuerten Böden, Pflanzenkrankheiten und einer massiven Bodenerosion.[70] Die Folge: Nordkorea erlebte in den Jahren 1995 bis 1997 eine schwere Hungersnot. Die Welt nahm zunächst wenig Notiz von der heraufziehenden Katastrophe, denn aus dem abgeschlossenen Land drangen kaum Nachrichten nach außen. Erst als immer mehr Hilfsorganisationen Alarm schlugen, wurde das Ausmaß der Tragödie deutlich.

Im Frühjahr 1997 bereiste Catherine Bertini, die Exekutivdirektorin des UN-Welternährungsprogramms, das Not leidende Nordkorea. Die Situation sei extrem ernst, berichtete sie nach ihrer Rückkehr. «Wir haben unterernährte Kinder gesehen, Kinder mit allen Anzeichen, dass sie schon eine ganze Weile nicht genug zu essen bekommen haben: orangefarbenes Haar, aufgeblähte Bäuche, bis auf die Knochen abgemagerte Arme und Beine.»[71] Nicht nur einzelne Regionen seien betroffen, das ganze Land leide. «Das liegt daran, dass die gesamte Bevölkerung Nordkoreas bei der Grundversorgung mit Nahrungsmitteln von der Regierung abhängt – und das schon seit fünfzig Jahren. Die Essenrationen, die an die Familien verteilt werden, sind immer kleiner geworden: Im Augenblick erhält jedes Familienmitglied weniger als 100 Gramm Reis pro Tag.»[72]

Hundert Gramm, das ist ein Joghurtbecher Reis. Als normal gelten 700 Gramm für einen arbeitenden Erwachsenen, 600 Gramm für ältere Menschen und 500 Gramm für Kinder. Das Welternährungsprogramm hält 450 Gramm pro Tag für das

Minimum. In Nordkorea gab es keine Alternative zur staatlichen Versorgung mit Lebensmitteln. Private Märkte waren damals noch verboten. Susanne Anger vom Deutschen Roten Kreuz, die ebenfalls im Land unterwegs gewesen war, sah nur «ein paar illegale, klitzekleine Bauernmärkte». Auf dem Land durften die Bauern ihre Gärtchen zur eigenen Versorgung nutzen, in den Städten wurde jetzt jeder Quadratzentimeter vor den Häusern genutzt, um dort Gemüse zu ziehen.

Doch die Katastrophe ließ sich nicht mehr abwenden. Ostasien erlebte die größte Hungersnot seit Mao Zedongs wahnwitzigem «Großen Sprung nach vorn» (1958–1961). Catherine Bertini schilderte, wie man sich den Beginn einer solchen Schreckenszeit vorstellen muss. «Zuerst isst man Blätter und dann Strünke von allem, was auf den Feldern übriggeblieben ist. Dann kommt man an den Punkt, wo man Baumrinde isst, und danach isst man einfach alles, was sich irgendwie kochen lässt. Und langsam, langsam gehst du dabei zugrunde. Genau das geschieht jetzt in Nordkorea.»[73]

Inzwischen war die Wirtschaft fast zum Erliegen gekommen. Nur noch in zehn bis dreißig Prozent aller Betriebe wurde gearbeitet. Es fehlte an Energie, an Rohstoffen und an Ersatzteilen. Weil es kaum noch Benzin gab, fuhren die Busse nur unregelmäßig. Leere Regale in den Geschäften, verdorrte Felder, abgeholzte Berghänge – so sah es Mitte der neunziger Jahre in Nordkorea aus. Im Juli 1997 reiste Hubertus Rüffer, Projektkoordinator der Deutschen Welthungerhilfe in Pjöngjang, drei Wochen lang durch das Land. In seinem erschütternden Bericht schrieb er: «Was ich in dieser Zeit an Hungernden sah, ist unbeschreiblich. Bilder, wie sie seit Äthiopien nicht mehr zu sehen waren. Kinderheime, wo alle Kinder im Alter von einem halben bis zu sechs Jahren schwerstens unterernährt waren. Große Köpfe, schrumpelige Haut, Ekzeme, dicke Füße, Lethargie. Sechsjährige, die vier bis sechs Kilo Gewicht hatten. Zwölfjährige mit neun Kilo. Eine Sterbequote von zwanzig Prozent pro

Jahr und immer noch nichts zu essen. Die ganze Situation gleicht einem kollektiven Hungerhorror, denn in den Kindergärten hungern die Kinder gemeinsam.»[74]

Andere Hilfsorganisationen berichteten von irreparablen Entwicklungsschäden bei den unterernährten Kindern, von Skorbut aufgrund von Vitaminmangel. Und von unvorstellbaren Zuständen in den Krankenhäusern. «Nährlösungen, Infusionsflaschen, Basismedikamente und Sterilisationsflüssigkeit, Impfstoffe sowie technisches Gerät zur Behandlung und Versorgung der Kinder fehlen überall. Vielerorts werden unsterilisierte Gummischläuche und leere Bierflaschen für Infusionen verwendet.» So schilderte es das Kinderhilfswerk Unicef.[75]

Als die Deutsche Welthungerhilfe im Dezember 1997 eine Delegation nach Nordkorea sandte, um sich ein Bild von der Lage zu machen, wollte die Regierung in Pjöngjang zunächst keine Journalisten mitreisen lassen. Aber Ingeborg Schäuble, die damalige Vorstandsvorsitzende der Welthungerhilfe, insistierte: Sonst würde sie nicht fahren. Es war eine beklemmende Reise durch ein düsteres Land, das ich damals in der ZEIT beschrieb. In Erinnerung blieb der Treck, der uns bei allen Fahrten durchs Land begleitete. «Die Menschen schleppen pralle Leinenrucksäcke auf dem Buckel, haben Sack und Pack auf kleine Eisenwägelchen geladen. Manche treiben einen Ochsen mit hölzernem Karren an, andere haben einfach ein Bündel Reisig für das Herdfeuer geschultert. Sie gehen, so scheint es, von nirgendwo nach nirgendwo, durch weite Landstriche ohne Haus und Hof.»[76]

Wir kamen durch Städte, die keinen Strom, keine Heizung und kein fließendes Wasser hatten. Die Industrie schien zum Erliegen gekommen zu sein. Wir fuhren Hunderte von Kilometern, ohne einen einzigen rauchenden Schornstein zu sehen. Dafür sahen wir rostende Kräne, leere Fabrikhallen, bröckelnde Hafenanlagen und stillgelegte Bergwerke. Und wir sahen Frauen und Männer, die mit Reisigbesen eine Autobahn vom Schnee reinigten, auf der keine Autos fuhren. Was ist das für ein Regime, das solche absurden, ja zynischen Arbeitseinsätze anordnet, fragten wir uns. An den Stadtgrenzen passierten wir Straßenkontrollen – Eisengitter mit rotem Stern, von Soldaten mit Maschinengewehren bewacht: Kein Bürger durfte ohne Erlaubnis seine Stadt verlassen oder eine fremde Stadt betreten.

In bedrückender Erinnerung blieb ein Besuch im Krankenhaus der Stadt Haeju. Vor fünf Tagen war Kim Hjangfa dort eingeliefert worden. «Neun Jahre ist sie alt und müsste eigentlich 20 Kilogramm schwer sein. Aber sie wiegt nur 11,6 Kilogramm. Ihre Mutter verhungerte, die Familie nahm sich des Kindes nicht an. In ihrem Metallbettchen liegt sie auf einem schmuddeligen Laken unter einer braunen Wolldecke, ist ganz still. Einer unserer koreanischen Begleiter wirft ihr ein paar Bonbons zu. Mit angstgeweiteten Augen sieht sie ihn an. Die Schwester zieht ihr die Decke über das Gesicht, sie soll nicht frieren. ‹Wenn wir von Unicef Milchpulver bekommen, hat sie eine Chance zu überleben›, sagt Dr. Rjang Undzul, der stellvertretende Direktor des Krankenhauses. ‹Im Augenblick ist nichts mehr da.› Mit dem Milchpulver von Unicef haben Ärzte und Schwestern auch die anderen sieben Kinder aufgepäppelt, die mit Kim Hjangfa im Zimmer liegen. Der Kanonenofen wird mit Holz befeuert. ‹Die Provinzregierung hat uns gesagt, dass wir aus Deutschland Kohle erhalten werden›, sagt eine der Schwestern.»[77]

Es gab ja Erklärungen für die große Not, man musste sie nur glauben. Choe Hung Ju, der Verwaltungschef der Provinz Hwanghae Süd, erklärte uns die Lage so: «Durch die Naturkatastrophe wurde unser Volk zu einem Marsch des Entbehrens gezwungen. Fest um den Geliebten Führer geschart, kämpft unser Volk optimistisch, die Schwierigkeiten zu überwinden.»[78] Hilfe ja, Einmischung nein: Das war die Devise der Regierung. In Pjöngjang sprachen wir mit Vize-Außenminister Kim Chang Ryong. Kühl musterte er die Besucher durch seine Brillengläser: «Auch wenn wir verhungern sollten, zu Sklaven werden wir nicht werden. Nie werden wir dulden, dass fremde Mächte unser System antasten.»[79] Viermal erlosch während unseres Gesprächs im Außenministerium das Licht, die Kälte kroch langsam von den Füßen durch alle Glieder. Es war eine furchtbare Kränkung für den stolzen Vizeminister.

Eine letzte Szene ist mir in Erinnerung geblieben. Verwaltungschef Choe führte uns in einen zugigen Schuppen, in dem «Ersatznahrung» hergestellt wird. «Essbare Gräser werden gekocht, gepresst, mit Maispulver gemischt, getrocknet und zu ‹Keksen› verarbeitet. Die Zutaten einer zweiten Variante: Kiefernnadeln, Laub, Hülsen und Sojabohnen, Kürbisblätter und Maisstroh. Schautafeln zeigen den Produktionsprozess. Man schüttelt den Kopf und möchte doch heulen.»[80]

Die Dimension von Maos «Großem Sprung nach vorn» hat der Hunger in Nordkorea nicht erreicht, bei weitem nicht. Aber wie in China, so war auch diese Tragödie von Menschen gemacht, Folge einer verblendeten und realitätsfremden Politik. Das Regime in Pjöngjang selbst räumt ein, auf dem «Marsch des Entbehrens» seien mindestens 200 000 Menschen gestorben. Unabhängige Schätzungen sprechen von 600 000, ja bis zu einer Million Toten. Das wären drei bis fünf Prozent der Bevölkerung Nordkoreas.[81]

3. Die Barbarei der Lager

Es war ein Skandal, den die Welt beharrlich ignorierte. Gewiss, es kam immer mal wieder die Rede darauf, dass es in Nordkorea einen Gulag gebe, der dem Horror der Lager Stalins gleiche. Aber lieber beschwiegen die Regierungen in Ost und West das unangenehme Thema, selbst in Seoul hielten sich die Politiker weithin bedeckt. Der Frieden war ihnen wichtiger als die Menschenrechte. Doch es drangen Berichte aus dem Land, Schilderungen von Flüchtlingen, die unfassbar waren. Die von Willkür sprachen, von Zwangsarbeit, Hunger, Folter, Vergewaltigungen und Hinrichtungen. Menschenrechtsorganisationen wie Amnesty International und Human Rights Watch stellten Dokumentationen zusammen. Sie fanden wenig Interesse.

Dann, endlich, horchte die Welt auf. Am 17. Februar 2014 legte eine Untersuchungskommission des UN-Menschenrechtsrats einen Bericht vor, der das ganze Grauen der politischen Unterdrückung in Nordkorea offenbarte. «Wir sind Zeugen eines großen Unrechts», sagte der Kommissionsvorsitzende Michael Kirby, ehemaliger Richter am Obersten Gerichtshof Australiens, bei der Vorstellung des Berichts. «Die Leiden und die Tränen der Nordkoreaner rufen nach Handeln.» Ein Jahr lang hatte die Kommission 80 Zeugen in öffentlichen Anhörungen befragt und mit 240 weiteren hinter verschlossenen Türen gesprochen. Ihre Aussagen fasste sie in einem 36 Seiten langen Bericht mit einem 372 Seiten umfassenden Anhang zusammen. «Unaussprechliche Grausamkeiten» würden in dem Land begangen, hieß es in dem Bericht. «Die Schwere, das enorme Ausmaß und die Art und Weise der in diesem Staat begangenen Verbrechen sind in der heutigen Welt beispiellos.»

Von «Verbrechen gegen die Menschlichkeit» berichtete die Kommission. Sie nannte sie beim Namen: «Mord, Versklavung, Folter, Inhaftierung, Vergewaltigung, erzwungene Abtreibungen, Verfolgung aus politischen, rassischen Gründen und aufgrund des Geschlechts, die gewaltsame Umsiedlung von Bevölkerungsgruppen, das Verschwinden von Personen». Der Bericht zeichnet das Bild eines totalitären Staates, regiert von einer gewissenlosen Führung. In Nordkorea gebe es keine Gedanken-, Gewissens- und Religionsfreiheit, keine Meinungs-, Ausdrucks-, Informations- und Versammlungsfreiheit. «Die internationale Gemeinschaft muss sich der Verantwortung stellen, die Menschen in der Demokratischen Volksrepublik Korea vor Verbrechen gegen die Menschlichkeit zu schützen, weil die Regierung der DVRK sich weigert, dies zu tun.»[82]

Nie ist dem UN-Menschenrechtsrat ein ähnlich vernichtender Bericht vorgelegt worden. Die Gespräche mit den Zeugen, Flüchtlingen aus Nordkorea, hatten die Mitglieder der Kommission im Innersten erschüttert. «Es bringt Erinnerungen vom Ende des Zweiten Weltkriegs zurück, den Horror, die Scham und den Schock», sagte Richter Michael Kirby. «Ich hätte niemals gedacht, dass es zu meinen Lebzeiten Teil meiner Pflicht sein würde, Enthüllungen dieser Art offenzulegen.»

Eine Zusammenfassung ihres Berichts schickte die Kommission auch an Kim Jong Un persönlich. Sie ließ Kim wissen, dass sie dem UN-Menschenrechtsrat empfehlen werde, wegen der Lage in Nordkorea den Internationalen Strafgerichtshof in Den Haag anzurufen, um diejenigen zur Rechenschaft zu ziehen – «möglicherweise einschließlich Ihrer selbst» –, die für die Verbrechen verantwortlich seien.

Kim Jong Un auf der Anklagebank in Den Haag? Ihn dorthin zu bringen, wird nicht so einfach sein. Denn der UN-Sicherheitsrat kann das verhindern. Und in dem sitzt die Vetomacht China. Sie wird nicht zulassen, dass es vor dem Internationalen Strafgerichtshof zu einem Verfahren gegen Nordkorea kommt. Kim kann sich also in Sicherheit wiegen. Dennoch reagierte das Regime empört. Es gebe keine Menschenrechtsverletzungen im Land und keine politischen Gefangenenlager. Die Untersuchung sei Teil einer «politischen Verschwörung», die darauf ziele, Nordkoreas «sozialistisches System zu sabotieren». Aber wenn Nordkorea nichts zu verbergen hat, warum hat es der Kommission dann die Einreise und jegliche Kooperation verweigert? Warum lässt es die Berichterstatter des UN-Menschenrechtsrats bis heute nicht ins Land? Warum darf eine unabhängige Menschenrechtsorganisation wie Amnesty International die Lager nicht besuchen? Warum können sich nicht ausländische Journalisten an Ort und Stelle ein Bild machen?

Da noch kein Ausländer den nordkoreanischen Gulag betreten konnte, sind die Aussagen von Flüchtlingen die einzige Informationsquelle über die Zustände dort. Etwa 30 000 von ihnen leben in Südkorea. Konnten in früheren Jahren nur ein paar Dutzend, allenfalls wenige hundert Menschen aus Nordkorea fliehen, so stieg ihre Zahl in den Jahren 2008 und 2009 auf bis zu dreitausend jährlich an. Seit Kim Jong Un die Macht übernahm, sind es wieder weniger geworden. Die Grenzkontrollen wurden strenger. Und China schickt Flüchtlinge nach Nordkorea zurück, wissend, dass ihnen dort Lager, Folter, manchmal der Tod drohen.

Im Frühjahr 2014, etwa zur gleichen Zeit, als der UN-Bericht veröffentlicht wurde, reiste ich nach Seoul, um ehemalige Lagerinsassen zu treffen, denen die Flucht nach Südkorea gelungen war. Zum Beispiel Kim Hye-sook. Das kleine Ein-Zimmer-Apartment der 52-Jährigen ist vollgestopft mit Nippes. Bis auf einen Schrank hat der Raum keine Möbel. Wir setzen uns auf den geheizten Linoleumboden. Kim erzählt ihre Geschichte.

Es ist der 28. Oktober 1970, als die Staatssicherheit Kim Hye-sooks Vater, die Mutter und die beiden Schwestern abholt. Hinter ihnen schließen sich noch am selben Tag die Tore des Lagers Nr. 18 in Pukchang.

Kim Hye-sook ist damals acht Jahre alt und lebt bei ihrer Großmutter. Dort taucht fünf Jahre später eine Tante auf. Ihr Auftrag: Sie soll Hye-sook ins Lager bringen. Es liegt in den Bergen, gut hundert Kilometer nördlich von Pjöngjang. Umgeben ist das Lager Nr. 18 von einem vier Meter hohen Hochspannungszaun. Tief in der Nacht trifft die Dreizehnjährige dort ein. Die Mutter holt sie am Eingang des Lagers ab, alt geworden, mit grauem Gesicht und zerfetzten Schuhen. Hye-sook erkennt sie kaum wieder.

Zwölf Kilometer müssen die beiden in dieser Nacht bis zu der Hütte marschieren, in der die Familie lebt – ohne den Vater, der inzwischen an eine andere Stelle im Lager verlegt wurde. Zwei Kinder sind im Gulag geboren worden, die Familie teilt sich einen einzigen Raum. Bald kommt die Großmutter hinzu, nun hausen sie zu siebt.

Im Dach klaffen Löcher. Wenn es regnet, steht der Raum unter Wasser. Im Winter gefriert alles zu Eis. Einmal am Tag bereitet die Mutter für die Familie einen Brei aus Mais und etwas Salz; ein Abendessen gibt es nicht.

Am Tag nach ihrer Ankunft geht Kim Hye-sook in die Schule. Es ist Februar, tiefer Winter in Nordkorea, aber keines der Kinder trägt Schuhe. Ihre Füße haben sie mit Lappen und Plastikresten umwickelt. Weil der Hunger die Kinder schläfrig macht, nicken sie im Unterricht bisweilen ein. Dann gibt es Schläge.

Kim ist sechzehn, als sie die Schule verlässt. Von nun an arbeitet sie in einer Kohlegrube, bis zu sechzehn Stunden am Tag. Sie schaufelt die Kohle in Loren, die andere Gefangene dann ans Tageslicht schieben. Bis zu ihrem dreißigsten Lebensjahr wird sie in der Grube schuften. Der Kohlestaub setzt sich in ihrer Lunge fest. Sie ist immer hungrig, sammelt, was irgendwie essbar ist, Gräser, Kräuter, Baumrinde. Ein Festessen, wenn es Mäusesuppe gibt.

Mehr als hundert Mal wird Kim Zeugin von Hinrichtungen. Die Gefangenen müssen sich in Reihen vor dem Galgen oder dem Erschießungspfahl hinsetzen. Mit dem Tod wird bestraft, wer einen Fluchtversuch wagt, wer ein paar Reiskörner für sich oder die eigene Familie in die Tasche steckt.

Kim glaubt, ihr ganzes Leben im Lager verbringen zu müssen. Die Mutter, die Großmutter und ein Bruder sind dort inzwischen gestorben. Doch im Jahr 2002 wird sie entlassen. Sie ist vierzig Jahre alt.

Warum ist sie überhaupt ins Lager gekommen? Damals dachte sie: Ich habe wohl die falschen Eltern. Das stimmte sogar, denn in Nordkorea herrscht Sippenhaft. «Politische Verbrechen» werden bis ins dritte Glied bestraft. Eines dieser Verbrechen ist Republikflucht – Kims Großvater war während des Koreakrieges in den Süden geflohen.

Für Kim beginnt nun eine sieben Jahre währende Odyssee,

unterbrochen von weiteren Verhaftungen. Über China, Laos und Thailand schafft sie es nach Südkorea.[83]

Kim Hye-sook, eine kleine, stämmige Frau mit kurz geschnittenem schwarzen Haar, ist eine begabte Zeichnerin. Ihre Erinnerungen an das Lager hat sie in Dutzenden großformatiger Bilder festgehalten: die Arbeit in der Kohlegrube, die Folterungen, die Exekutionen, das Schälen der Baumrinde. Den Tod der Mutter. Aus dem Gedächtnis hat sie auch das Lager 18 nachgezeichnet. Fünf Meter breit ist die Zeichnung, die sie vor mir auf dem Fußboden ihrer Wohnung ausrollt; sie zeigt die Häuser der Gefangenen, die Schule, das Gefängnis, die Straßen und die Berghänge, den Fluss Taedong. Damals lebten 23 000 Menschen in dem Lager, das sich über 40 Kilometer durch ein Tal erstreckt. Satellitenaufnahmen internationaler Menschenrechtsgruppen bestätigen, wie präzise Frau Kims Zeichnung das Lager wiedergibt. Jenseits des Taedong, vom Lager 18 aus zu sehen, liegt das noch viel schrecklichere Lager Nr. 14, das wohl schlimmste in Nordkorea. Nur einem Menschen ist, soweit bekannt, bisher die Flucht aus Lager 14 gelungen. Der amerikanische Journalist Blaine Harden hat die Geschichte Shin Dong-hyuks aufgeschrieben.[84]

Kwanliso nennen die Nordkoreaner das System der politischen Straflager. Es gibt sie seit den fünfziger Jahren. Vier existieren heute noch. Nach Schätzungen internationaler Menschenrechtsorganisationen und der südkoreanischen Regierung leben dort zwischen 80 000 und 120 000 Gefangene. Die Lager sind als Ansammlungen von Dörfern angelegt, bisweilen haben sie die Ausdehnung eines kleinen deutschen Landkreises. Sie sind fern der Städte angesiedelt, in unzugänglichen Regionen im Nordosten, aber auch in der Mitte des Landes. Nach dem nordkoreanischen Strafgesetz werden «Verbrechen gegen den Staat und gegen die Nation» mit Lagerhaft bestraft. Es trifft Regimekritiker, Leute mit Kontakten nach Südkorea, Christen und Anhänger anderer «subversiver» Religionen. Wie viele Menschen sind in den Lagern gestorben? «Mindestens 500 000», schätzt Kang Chul Wan, der heute als Kolumnist der südkoreanischen Zeitung *Chosun Ilbo* arbeitet. Auch er ist aus dem Norden geflohen. Wie Kim Hye-sook hat er mir in Seoul seine Geschichte erzählt.

Im August 1977 kam Kang ins Lager. Er war damals ein Schulkind. «Zuvor lebten wir im Stadtzentrum von Pjöngjang, gehörten zu den oberen Zehntausend», erinnert er sich. Obwohl der Großvater – von der Kolonialmacht einst nach Japan deportiert und nach Kriegsende zurückgekehrt – dem Staat ein beträchtliches Vermögen vermacht hatte, blieb er dem Regime suspekt. Die Großeltern wurden in zwei verschiedene Lager gesteckt. Kang kam mit Großmutter, Vater und Schwester in das Lager Nr. 15 in Yodok. Der Mutter blieb das Lager erspart, sie stammte aus einer «guten» revolutionären Familie. Der neunjährige Kang musste auf dem Feld arbeiten, täglich bis zu zwölf Stunden. «Die Wärter haben uns wie Feinde behandelt, jeden Tag wurde ich geschlagen.»

Begriff er damals, was ihm widerfuhr? «Zuerst hatte ich keine Ahnung, warum ich eingesperrt war.» Man sagte ihm, alle Lagerinsassen seien schuldig und verdienten es, getötet zu werden. «Aber die Partei gibt dir noch eine Chance», hieß es. «Wenn du hart arbeitest, lassen wir dich frei.»

Zwei- bis dreimal im Monat fanden im Lager öffentliche Hinrichtungen statt. Neben dem Hinrichtungsort stand das Lagergefängnis, in dem gefoltert wurde. Vor dem Gefängnis lagen oft Leichen. «Ich kann die Erinnerungen nicht loswerden», sagt Kang, «sie sind immer noch da.» Neun Jahre lang war er im Lager. Als er entlassen wurde, war er achtzehn.

In seinem Büro steht in einem Glasschrank ein großes Farbfoto, das ihn mit dem ehemaligen US-Präsidenten George W. Bush zeigt. Bush hatte das Buch «Die Aquarien von Pjöngjang» gelesen, in dem Kang seine Leidensgeschichte aufgeschrieben hat, und den Autor im Juni 2005 ins Weiße Haus eingeladen. Auf das Glasregal über dem Foto hat Kang eine Gips-Nachbildung der Göttin der Demokratie gestellt, die Pekinger Kunststudenten im Mai 1989 während der Proteste gegen die chinesische Regierung auf dem Platz des Himmlischen Friedens errichtet hatten.

Nach der Entlassung aus dem Lager durfte die Familie nicht nach Pjöngjang zurückkehren, sie zog in ein Dorf in der Nähe von Yodok. Mit anderen jungen Leuten hörte Kang dort südkoreanische Radiosender, «K-Pop». Die Staatssicherheit bekam Wind davon. Wieder wurde es gefährlich für ihn. Mit einem Freund floh er nach China. Den Grenzsoldaten gaben sie Zigaretten und Schnaps, liefen eines Nachts über den zugefrorenen Grenzfluss. Seit 1992 lebt Kang in Südkorea.[85]

Inspiriert vom Bericht der UN-Kommission begann die Menschenrechtsgruppe *Transitional Justice Working Group* in Seoul mit einem wichtigen Projekt. Sie hat es sich zur Aufgabe gemacht, die Spuren der Verbrechen gegen die Menschlichkeit in Nordkorea zu sichern. Dazu befragt sie Flüchtlinge aus dem Norden und wertet Satellitenbilder aus, zum Beispiel von Google Earth. Die Gruppe erstellt digitale Karten von Orten des Schreckens, von Exekutionsstätten oder Massengräbern. Sie hat schon mehr als 300 solcher Orte identifiziert, an denen öffentliche Erschießungen stattgefunden haben oder Menschen verscharrt wurden.[86]

Nach einem Ende des Regimes sollen diese Karten helfen, Exhumierungen möglich zu machen oder auf anderem Wege forensische Beweise sicherzustellen, damit die Verbrechen rekonstruiert werden können und Anklage gegen die Täter erhoben werden kann. Die meisten öffentlichen Hinrichtungen scheint es in den Jahren 1994 bis 2000, also während der Hungersnot, gegeben zu haben. «Sie haben die Leute an belebten Orten, etwa auf Marktplätzen, aufgehängt und die Leichen stundenlang hängen lassen, um unter den Menschen Furcht und Schrecken zu verbreiten», so schildert es einer der Flüchtlinge, die an dem Kartenprojekt mitarbeiten.[87]

Die Gruppe will mit ihrer Arbeit die Lehren aus der mühe-
vollen Aufarbeitung von Verbrechen gegen die Menschlichkeit
in anderen Ländern, etwa in Kambodscha unter den Roten
Khmer oder im früheren Jugoslawien, ziehen. Auch wenn heute
noch China und Russland im UN-Sicherheitsrat verhindern,
dass das Kim-Regime vor dem Internationalen Strafgerichtshof
in Den Haag angeklagt wird – eines Tages, so die Hoffnung der
Menschenrechtsaktivisten, werden die in Pjöngjang Herrschenden vor ihren Richtern stehen. Für diese Verfahren wollen sie
schon heute die Beweise sichern.

Warum hat es nicht viel früher einen Aufschrei über die
Zustände im nordkoreanischen Gulag gegeben? Warum hat die
internationale Gemeinschaft gegen den Horror in Nordkorea
nicht genauso lautstark protestiert wie gegen den Terror Pino-
chets in Chile oder Saddam Husseins im Irak? Oder wie gegen
die Menschenrechtsverletzungen in China? Auch wenn nicht
jede scheußliche Einzelheit bekannt war, so wusste man doch
um die Verfolgung Andersdenkender und «Unzuverlässiger» in
der Kim-Despotie.

Gerade die Liberalen im Süden, die selbst lange gegen die
Militärdiktatur im eigenen Land gekämpft haben, blieben merk-
würdig stumm. Warum? Eine Antwort gibt Moon Chung-in,
Politikwissenschaftler an der Yonsei-Universität in Seoul und
einst ein Mitstreiter von Präsident Kim Dae Jung bei dessen
«Sonnenscheinpolitik» gegenüber Nordkorea. Kim habe dem
Erhalt des Friedens den Kampf um die Menschenrechte unter-
geordnet, sagt Moon. Bis heute glaubt er, dass diese Politik richtig war. Nordkorea sei beim Thema Menschenrechte «sehr emp-
findlich». Seine «Würde» gehe dem Regime über alles. «Es ist
leicht, moralisierende Reden zu halten, aber eine Regierung
muss klug handeln.» Sie müsse an die Sicherheit auf der Halbinsel denken. «Die südkoreanischen Konservativen, die nach
Menschenrechten rufen, sind die besten Verbündeten des nordkoreanischen Militärs.»

Was wäre denn eine kluge Politik gegenüber dem Norden? Sie müsste die richtigen Schritte in der richtigen Reihenfolge tun, antwortet Professor Moon, und sich einsetzen für Wirtschaftsreformen, die Entwicklung eines Marktes und das Entstehen einer Zivilgesellschaft als Treibkraft für politischen Wandel. «Das ist allemal besser als Konfrontation.» Kim Dae Jung und sein ebenfalls liberaler Nachfolger Roh Moo Hyun hätten um die schweren Menschenrechtsverletzungen im Norden gewusst, aber ihnen sei auch klar gewesen, welche Folgen Unruhen in Nordkorea hätten haben können, meint Moon: Zwei oder drei Millionen Menschen hätten getötet werden können. «Sie können Kim Jong Il nicht mit Honecker vergleichen!»[88]

Das ist gewiss richtig. Nordkorea dürfte die gnadenloseste Diktatur unserer Zeit sein. Nirgendwo greift der Staat brutaler in das Leben der Menschen ein, unterwirft er den Einzelnen so rigoros dem Macht- und Kontrollanspruch des Staates. Die drei Klassen der «Getreuen», der «Schwankenden» und der «feindlichen Elemente» werden noch einmal in 51 Subklassen unterteilt – Songbun heißt dieses in den sechziger Jahren etablierte Kastensystem. Die Klassenzugehörigkeit entscheidet über Bildungs- und Berufsmöglichkeiten, über den Zugang zu Lebensmitteln, Krankenversorgung und Wohnraum. Und nicht zuletzt über das große Privileg, in der Hauptstadt Pjöngjang leben zu dürfen, wo das Leben in all seiner Ärmlichkeit so viel leichter und angenehmer ist als im Rest des Landes.[89]

Ob die Nordkoreaner wissen, das alles könnte auch ganz anders sein? Zumindest wächst die Zahl derer, die ahnen, dass die Welt draußen nicht so verkommen und trostlos ist, wie es die Propaganda ihnen weismachen will. Zwar gibt es nicht den Hauch von Pressefreiheit; in einer Aufstellung von Reporter ohne Grenzen nimmt Nordkorea auf der Rangliste der Pressefreiheit von 180 Plätzen den 179. Platz ein. In den offiziellen Leitlinien für Journalisten werden Reporter und Redakteure angewiesen, «Artikel zu veröffentlichen, in denen sie den Präsidenten treu in hoher Wertschätzung halten, ihn verehren und preisen als den großen revolutionären Führer». Auch ist es ein «Verbrechen gegen den Staat», sich aus fremden Medien zu informieren. Es kann schwer bestraft werden.

Aber in den Mauern, die das Regime um die eigene Gesellschaft hochgezogen hat, zeigen sich dank der digitalen Revolution erste Risse. Ein winziger USB-Stick mit Filmen, Fernsehshows oder E-Books kann für einen Bürger Nordkoreas das Fenster in die wirkliche Welt aufstoßen. Für elektronische Medien gibt es im Land inzwischen einen florierenden grauen und schwarzen Markt. «Eine bunte Truppe von ausländischen NGOs, Flüchtlingen, Schmugglern, Mittelsmännern, Geschäftsleuten und bestechlichen nordkoreanischen Soldaten und Funktionären hat ein verblüffend strapazierfähiges Netzwerk geflochten, das normale Bürger durch Mobiltelefone, Laptops, Tablet Computer und Speichermedien mit der Außenwelt verbindet.»[90] Nichts ist für den Bestand der Diktatur bedrohlicher als der Zugang der Bevölkerung zu unkontrolliertem Wissen. Deshalb bringt sich jeder, der Informationen ins Land schmuggelt, in große Gefahr. Das Regime überprüft sogar die DVD-Spieler in den Wohnzimmern, ob auf ihnen verbotene Ware läuft. Aber ganz lassen sich die Risse in den Mauern nicht mehr schließen.

Und doch, so rasch wird die Kim-Dynastie nicht zusammenbrechen. Zu umfassend ist die Überwachung, zu gefährlich jedes Abweichen von der offiziellen Linie, gar ein offener Widerspruch zur Lehre der Partei. Man mache sich keine Illusionen: Die Gefangenen in den Straflagern werden noch vieler Jahre ihres Lebens und vieler Hoffnungen beraubt werden. Wenn sie die Freiheit denn je erleben sollten. Verschweigen und vergessen darf die Welt das Unrecht deshalb nicht. «Wir können nicht sagen, wir wussten es nicht», sagt Richter Michael Kirby, der Vorsitzende der UN-Untersuchungskommission. «Wir wissen es!»

4. Aus Mangel an Devisen

Wenn es bei den Kims zum Abendessen einen anständigen französischen Rotwein geben soll, oder wenn ein General einen neuen Mercedes braucht, dann ist es die Aufgabe des «Büros 39», das Gewünschte zu beschaffen. Was für die DDR die «Kommerzielle Koordinierung» (KoKo) des Alexander Schalck-Golodkowski war, das ist für Nordkorea das «Büro 39»: Die oberste Beschaffungsstelle für Devisen und alles, was man nur mit ihnen kaufen kann. Wer meint, das klinge ein bisschen wie Beschaffungskriminalität, der liegt nicht ganz falsch. Die Methoden, die Nordkorea anwendet, um an harte Währung zu gelangen, zeugen von einer beachtlichen kriminellen Energie.

Anfangs exportierten die Nordkoreaner besonders gern Waffen. Von Rüstungsgütern verstehen sie etwas, mit ihnen lässt sich besonders viel Geld verdienen. Das Land lieferte Kurz- und Mittelstreckenraketen an den Iran, an Syrien, Ägypten, Libyen, Pakistan, den Jemen und die Vereinigten Arabischen Emirate. Syrien half es sogar beim Bau eines Atomreaktors, der aber im September 2007 von Israels Luftwaffe zerstört wurde. Bis vor kurzem verkauften die Nordkoreaner Rüstungsgüter an Myanmar, Eritrea und den Kongo, schickten Militärausbilder nach Angola und Uganda. Überall sind ihnen nun die Experten der Vereinten Nationen auf den Fersen, denn Waffen und militärische Hilfe jeder Art stehen auf den Sanktionslisten der UN ganz oben.

Wer Devisen braucht, kommt auf die erstaunlichsten Ideen. Berüchtigt sind die gefälschten Hundert-Dollar-Noten, die Nordkorea einst in Umlauf brachte. So gut waren die Blüten gemacht, dass selbst die Experten des FBI sie zunächst nicht von echten Dollar-Scheinen unterscheiden konnten. Geschmuggelt wurden Zigaretten, Alkohol, Arzneimittel und Drogen. Die australische Polizei nahm im April 2003 einen nordkoreanischen

Frachter in Empfang, mit dem 110 Pfund reinsten Heroins ins Land gebracht werden sollten. Nach Schätzungen des amerikanischen und südkoreanischen Militärs aus dem Jahr 2002 war Nordkorea damals weltweit der drittgrößte Exporteur von Opium und der sechstgrößte Lieferant von Heroin.[91]

Im März 2015 kontrollierten Zollbeamte auf dem Flughafen von Dhaka den Ersten Sekretär der nordkoreanischen Botschaft in Bangladesch, der schwer an seinem Handgepäck trug. Sie fanden 27 Kilo Gold im Wert von 1,5 Millionen Euro, die der Diplomat versilbern sollte.

Bei der Einfahrt in den Panamakanal wurde im Juli 2013 der aus Kuba kommende nordkoreanische Frachter Chong Chon Gang gestoppt. Unter zehntausenden Säcken voller Zucker entdeckten die Fahnder 25 Container mit auseinander gebautem Militärgerät, darunter MiG-21-Flugzeuge, Abwehrraketen und Radaranlagen. Das Kriegswerkzeug sollte in Nordkorea gewartet werden, behauptete der Kapitän. Der panamaische Zoll glaubte ihm nicht. Kapitän und Erster Offizier wurden wegen Bruchs der UN-Sanktionen vor Gericht gestellt. Den Zucker versteigerte die Staatsanwaltschaft.[92]

Im Internet erschien eine Anzeige, die rasch die Aufmerksamkeit der Geheimdienste auf sich zog. Denn dort wurde hochreines Lithium 6 angeboten, in monatlichen Lieferungen zu 22 Pfund, zu beziehen über den chinesischen Hafen Dandong. Bei Lithium 6 werden Waffenexperten hellhörig, denn dieses Isotop ermöglicht es, die Zerstörungskraft einer Nuklearwaffe um das Tausendfache zu verstärken. Aus einer einfachen Atombombe kann so eine Wasserstoffbombe werden. Jedenfalls war das der Weg der Amerikaner auf dem Weg zur H-Bombe. Die Online-Offerte wurde in einem UN-Bericht aufgeführt, und der Bericht nannte auch den Anbieter: Es war der Dritte Sekretär der nordkoreanischen Botschaft in Peking, der so freundlich gewesen war, in der Anzeige seine Handy-Nummer anzugeben. Offenbar hatte Nordkorea soviel Lithium 6 produziert, dass es den Überschuss meistbietend im Netz verhökern wollte.[93]

Nicht weniger Sorgen bereiten den Sicherheitsbehörden Hackerangriffe auf Banken, hinter denen ebenfalls Nordkorea zu stehen scheint. US-Geheimdienste jedenfalls vermuten, dass eine Cyberattacke auf die Zentralbank von Bangladesch im Februar 2016, bei der 81 Millionen Dollar auf Konten in Sri Lanka und auf den Philippinen verschoben wurden, Pjöngjang zuzurechnen ist. Und auch die Hacker, die Ende 2016 zwanzig Banken in Polen angriffen, sollen für das nordkoreanische Regime gearbeitet haben. Es wurden Verbindungen entdeckt zwischen dem versuchten Bankraub in Polen und dem Hackerangriff auf die Hollywood-Studios von Sony Pictures 2014, hinter dem nach Erkenntnissen amerikanischer Geheimdienste eindeutig Nordkorea stand.

Das alles aber verblasste gegen den Hackerangriff vom Mai 2017, bei dem weltweit über 200 000 Computer lahmgelegt wurden mit dem Ziel, von den Opfern Zahlungen in der virtuellen Bitcoin-Währung zu erpressen. Betroffen waren unter anderem britische Krankenhäuser, russische Banken, die Deutsche Bahn und der japanische Industriekonzern Hitachi. Die Schadsoftware WannaCry, die bei diesem Angriff wie bei den beiden Attacken zuvor zum Einsatz kam, soll von der Hackergruppe Lazarus entwickelt worden sein. Und diese Gruppe wird westlichen Sicherheitsexperten zufolge von Nordkorea gelenkt.[94]

Für Devisen lässt Nordkorea seine Bürger auch fern der Heimat schuften. In malaysischen Minen, beim Straßenbau in Polen oder auf den Baustellen Katars und Kuwaits: In fast vierzig Ländern sind 60 000 bis 80 000 nordkoreanische Leiharbeiter im Einsatz. Die meisten von ihnen arbeiten in Russland, als Holzfäller in Sibiriens Wäldern oder als Maler in Wladiwostok. «Sie nehmen keinen Urlaub. Sie essen, arbeiten und schlafen, sonst nichts», sagt der Chef einer russischen Firma, die nordkoreanische Handwerker in Wladiwostok beschäftigt. «Und sie schlafen nicht viel.» Nordkoreaner haben mitgebaut am neuen Fußballstadion in Sankt Petersburg oder an Luxusappartements in Moskau. Auch wenn sie bis zu achtzig Prozent ihres Lohns an die Regierung abführen müssen, zahlen die Leiharbeiter oft Bestechungsgelder, um eine neue Arbeitserlaubnis zu erhalten.[95]

Bei afrikanischen Potentaten war Nordkorea lange Zeit populär, weil das Land, geübt in der Verherrlichung der eigenen Führer, so schöne Denkmäler errichtet. Heroische Statuen ragen empor, die einstige Unabhängigkeitskämpfer ehren – ob Samora Machel in Mosambik, Joshua Nkomo in Zimbabwe oder Patrice Lumumba im Kongo. In Namibia baute Nordkorea das Museum für die Nationale Geschichte, den Präsidentenpalast, das Verteidigungsministerium, eine neue Militärakademie – und eine Munitionsfabrik. Rund 100 Millionen Dollar überwies die Regierung in Windhoek seit 2002 dafür nach Pjöngjang. Inzwischen haben die Vereinten Nationen aber auch Bauwerke wie diese, ja sogar Denkmäler und Statuen auf ihre Sanktionsliste gesetzt.[96] Nordkoreas Führung und das «Büro 39» müssen also neue Geldquellen erschließen.

Warum nicht einfach die eigenen diplomatischen Vertretungen vermieten? Auf diese Idee kam zum Beispiel die nordkoreanische Botschaft in Berlin. Sie verpachtete ein Gebäude im Herzen der deutschen Hauptstadt, Teil des Botschaftsareals, an den Betreiber eines Hostels und eines Kongresszentrums. So kassierten die Nordkoreaner seit mindestens 2004 monatliche Pachteinnahmen von 38 000 Euro.[97] Da die im Herbst 2016 vom UN-Sicherheitsrat als Reaktion auf Nordkoreas fünften Atomtest beschlossene Resolution 2321 ausdrücklich das Untervermieten und Verpachten von Räumen der diplomatischen Vertretungen Pjöngjangs verbietet, machten sich Auswärtiges Amt und Berliner Senat daran, diesen unkonventionellen Devisenfluss zu stoppen. Sehr zum Kummer des «Büros 39» in Pjöngjang, zumal die Botschaft nicht nur Hostel und Kongresszentrum schließen, sondern auch noch die bis dato aufgelaufenen Steuern in Höhe von mehreren Millionen Euro nachzahlen sollte.[98]

5. Küchengärten und rote Kapitalisten

Als Kim Jong Un nach dem Tod seines Vaters Ende 2011 die Macht übernahm, versprach er den Nordkoreanern ein besseres Leben. Nie sollten «sie den Gürtel wieder enger schnallen» müssen. Und tatsächlich geht es ihnen heute besser, das Land hat seinen wirtschaftlichen Tiefpunkt überwunden. Es wird viel gebaut. Im April 2017 wurde unter großem Propagandagetöse und in Anwesenheit des Führers Pjöngjangs neue Prachtstraße Ryomyong eröffnet, ein breiter Boulevard, gesäumt von modernen Hochhäusern. Auf den einst leeren Hauptstraßen der Stadt fahren jetzt so viele Autos, schrieb die *New York Times*, dass einige Bewohner ihren Lebensunterhalt damit verdienen, sie zu waschen.[99]

«Es hat sich ganz offenkundig eine neue Mittelschicht herausgebildet, die vor allem in der Hauptstadt unübersehbar ist», schreibt der Nordkoreakenner Rüdiger Frank von der Universität Wien. «Man erkennt sie an Mobiltelefonen, dem Besuch von Restaurants, dem Besitz und der Verwendung von Devisen, der Kleidung und nicht zuletzt auch an der selbstbewussten Körpersprache.» Zwar bleibe auch in der Provinz die Zeit nicht stehen. «Der Unterschied zwischen Pjöngjang und dem Rest des Landes ist dennoch enorm. Die Hauptstadt ist beinahe eine andere Welt. Sie war schon immer der Sitz einer auserwählten Elite, der Zuzug war streng geregelt. Es scheint, dass mit den Segnungen der schönen neuen Konsumwelt der Vorsprung noch größer und augenscheinlicher geworden ist.»[100]

Wie ist dieser Aufschwung zu erklären? Schließlich verhängten die Vereinten Nationen seit 2006 immer neue und immer strengere Sanktionen über das Land, um das Regime zu zwingen, seine Atom- und Raketenversuche einzustellen. Nordkorea darf die meisten Rohstoffe nicht mehr oder nur noch in sehr begrenzten Mengen exportieren: Gold, Seltene Erden, Kohle, Eisen und Eisenerz, Kupfer, Nickel, Blei und Bleierz, Silber und Zink. Umgekehrt dürfen keine Luxusgüter an Nordkorea verkauft werden. Beim Verdacht, dass gegen die Sanktionen verstoßen wird, können nordkoreanische Schiffe gestoppt werden, notfalls auf hoher See. Europäische und amerikanische Banken dürfen keine Niederlassungen in Nordkorea eröffnen, nordkoreanische Banken nicht in der EU oder in den USA tätig sein. Selbst China hat es Nordkoreanern verboten, in der Volksrepublik neue Firmen zu gründen.

Am weitesten reichen die unilateralen Sanktionen der Amerikaner. Der «US North Korea Sanctions and Policy Enhancement Act» aus dem Jahr 2016 zielt neben anderen führenden Regimevertretern auf Kim Jong Un persönlich. Ihm werden schwere Menschenrechtsverletzungen zur Last gelegt. Sanktionen wie diese mögen eher symbolischer Natur sein. Ganz praktische Folgen aber hat es, wenn das Finanzministerium in Washington Nordkorea zu einem Land erklärt, das Geldwäsche betreibt («primary money laundering concern»). Ein solches Land soll keinen Zugang mehr zum internationalen Finanzsystem haben. Und da kämpfen die Amerikaner mit harten Bandagen: Wer nordkoreanische Handelsaktivitäten finanziert, der wird in den Vereinigten Staaten keine Geschäfte mehr machen. Die erste Bank, die unter diese «sekundären Sanktionen» der USA fällt, war im Juni 2017 die chinesische Bank of Dandong.

Und doch geht es mit Nordkoreas Wirtschaft aufwärts. Nach Angaben der südkoreanischen Zentralbank wuchs Nordkoreas Bruttoinlandsprodukt 2016 um 3,9 Prozent, der stärkste Anstieg seit siebzehn Jahren. Wie ist das möglich? Erste Erklärung: Die Sanktionen werden umgangen, auf Schleichwegen kommt vieles ins Land und es wird manches exportiert, was eigentlich verboten ist. Die Grenzen nach China und Russland sind längst nicht so dicht, wie es nach den Buchstaben der UN-Beschlüsse sein müsste. Schmuggler und findige Geschäftsleute verdienen mit dem Handel über die keineswegs hermetisch geschlossenen Grenzen gutes Geld. Ein Bericht der Experten, die im Auftrag des UN-Sicherheitsrates über die Einhaltung der Sanktionen wachsen sollen, bestätigt genau dies.[101] Zweite Möglichkeit: Die Nordkoreaner, gut ausgebildet, diszipliniert und hart arbeitend, trotzen auch widrigen Umständen. Dritter denkbarer Grund: Die vorsichtigen Reformen, die Kim Jong Un angestoßen hat, beginnen zu wirken.

Die dritte Erklärung ist wohl die wichtigste. Nordkorea gibt seinen Bürgern seit einiger Zeit mehr Raum für private Initiativen. Die Reformen haben ihren Ursprung in der verheerenden Hungerkatastrophe der Jahre 1995 bis 1997. Der damalige Zusammenbruch der staatlichen Lebensmittelversorgung wirkt als Trauma bis heute nach. Es wären noch viel mehr Menschen gestorben, hätte das Regime nicht die illegalen Bauernmärkte geduldet, die damals überall im Land entstanden. Heute darf nicht nur jede Bauernfamilie ihren eigenen kleinen «Küchengarten» haben. Die Bauern können auch 30 Prozent ihrer Ernte selbst vermarkten, die anderen 70 Prozent müssen sie an den Staat abführen. Nach einer Studie des Korea Development Institute in Seoul kaufen inzwischen mehr als 85 Prozent der Nordkoreaner ihre Lebensmittel und Güter des täglichen Bedarfs auf den freien Märkten, nicht mehr in den staatlichen Läden.[102]

Gleichzeitig die Wirtschaft und die Kernwaffen entwickeln: Dies ist der Kern der Politik Kim Jong Uns, die er 2013 verkündet hat. Sein Kurs, «Byungjin-Linie» genannt, scheint bisher recht erfolgreich zu sein – auf beiden Gebieten. Die Wirtschaft wächst tatsächlich, auch weil die vorsichtigen Reformen, die der Staat mehr duldet als offiziell vorantreibt, weit über die Landwirtschaft hinausgehen. So hat sich eine Schicht von Händlern, Handwerkern und Besitzern kleiner Betriebe herausgebildet, der inzwischen gut eine Million der 25 Millionen Nordkoreaner angehören sollen. Donju werden sie genannt, «Menschen mit Geld». Einige von ihnen haben es zu beträchtlichem Wohlstand gebracht, etwa als Subunternehmer großer staatlicher Betriebe. Dreißig Prozent ihrer Gewinne wandern an die Parteikader, halb Steuer, halb Bestechung. In Südkorea ist von «roten Kapitalisten» die Rede. Lee Byung Ho, damals Geheimdienstchef in Seoul, schätzte im Frühjahr 2017, dass mittlerweile 45 Prozent der Nordkoreaner in der einen oder anderen Weise privatwirtschaftlich aktiv seien.[103]

Für die *happy few* der Funktionärselite und der neuen Unternehmerschicht gibt es heute in Pjöngjang Vergnügungen, an die vor zehn Jahren nicht zu denken war und die für die weitaus meisten Nordkoreaner noch lange unerschwinglich bleiben werden. Sie können sich entscheiden zwischen dem Munsu Wasserpark, dem Rungna Delphinarium und dem Mirim Reitclub. Sie können Pizza und Hamburger essen, aber auch in teuren Restaurants speisen. Sie finden Bars und Cafés in ihrer Hauptstadt, Tennisplätze, Fitnessclubs und eine Bowling-Bahn. Sie investieren aber auch in die Erziehung ihrer Kinder und bezahlen private Lehrer dafür, dass sie dem Nachwuchs Klavierunterricht geben oder bei Englisch und Mathematik nachhelfen. Raumschiff Pjöngjang! Mit der Lebenswirklichkeit der Mehrheit hat dies alles nichts zu tun. Ihre Lebensverhältnisse bleiben ärmlich. Und der Abstand zu den Verwandten im Süden wächst weiter von Jahr zu Jahr.

Kim Jong Un will das ändern. Deshalb duldet er marktwirtschaftliche Elemente. Nordkorea sei kein «stalinistischer Themenpark» mehr, schreibt Andrei Lankov, ein russischer Koreanist, der einst in Pjöngjang studierte und heute an der Kookmin-Universität in Seoul lehrt.[104]

Kims Politik in die Tat umsetzen soll Ministerpräsident Pak Pong Ju. Er hatte dieses Amt schon einmal inne, wurde aber 2007 von Kims Vater Kim Jong Il gefeuert, offenbar, weil dem

«Geliebten Führer» der reformerische Eifer Paks zu weit ging. Im April 2013 kehrte er auf seinen Posten zurück.

Vieles ist heute in Nordkorea möglich, auch wenn es nach dem Buchstaben des Gesetzes eigentlich illegal ist. Offiziell gibt es einen privaten Sektor nicht; in Wahrheit aber macht er Schätzungen zufolge inzwischen 30–50 Prozent des Bruttoinlandsprodukts aus. Andrei Lankov beschreibt, wie das funktioniert. So gibt es heute viele privat geführte Restaurants und Imbisse. Es ist aber unmöglich, die offizielle Erlaubnis zu bekommen, ein Lokal zu eröffnen. In der Praxis wendet sich ein Investor an die örtlichen Behörden und lässt das Restaurant als staatliche Firma registrieren. Dann wird er (oft ist es eine Sie, Frauen spielen in der Privatwirtschaft Nordkoreas heute eine größere Rolle als Männer) zum Direktor des Restaurants ernannt und kann nun Personal anstellen, die Einrichtung kaufen und loslegen. Ein Teil seiner Einnahmen geht an den Staat. Zusätzlich bezahlt der Eigentümer die zuständigen Funktionäre in der Umgebung, damit sie sein Geschäft schützen. Mit diesem Arrangement sind alle zufrieden.[105]

Und doch bleiben diese Geschäftsaktivitäten, die es ähnlich und in viel größerem Umfang auch im Außenhandel oder im Transportwesen gibt, offiziell illegal, in den staatlichen Medien werden sie totgeschwiegen. Andrei Lankov zitiert einen russischen Diplomaten, der ihm 2010 sagte: «Die Angehörigen der Mittelklasse in Pjöngjang fühlen sich heute ziemlich wohl. Sie haben ihre hübschen Wohnungen. Sie können in netten Restaurants essen gehen. Und neuerdings können sie sogar ihre eigenen Autos fahren. Das einzige Problem: Theoretisch kann nach den geltenden Gesetzen jeder von ihnen verhaftet und erschossen werden.»[106]

An der offiziellen Politik der Eigenständigkeit, am angeblichen Vertrauen auf die eigene Kraft, wie sie Vater und Großvater mit ihrer «Juche»-Ideologie lehrten, hält auch Kim Jong Un fest. Von einem «radikalen Wirtschaftsnationalismus» spricht Rüdiger Frank.[107] Einer Öffnung des Landes, wie sie in China mit der Reformpolitik Deng Xiaopings einherging, widersetzt sich die Führung. Von China lernen? Das ist Kim Jong Un bisher nicht in den Sinn gekommen. Seit seinem Machtantritt hat er den großen Nachbarn nicht ein einziges Mal besucht – vermutlich legte die Regierung in Peking auch keinen Wert auf sein Erscheinen. Unter dem dritten Kim wird Nordkorea seinen eigenwilligen Weg weitergehen. «Wirtschaftsmanagement in unserem Stil» heißt das in Pjöngjang.

Wegen dieses ausgeprägten Nationalismus ist es auch unwahrscheinlich, dass ein «großer Deal» funktionieren könnte, wie ihn der Nordkorea-Experte John Delury vorschlägt, der an der Yonsei-Universität in Seoul lehrt. Delury ist überzeugt, Nordkorea würde sein Atomprogramm aufgeben, nähme man ihm nur seine Sicherheitssorgen. «Nordkorea wird erst dann beginnen, sich auf einen Wohlstand statt auf seine Selbsterhaltung zu konzentrieren, wenn es sich keine Sorgen mehr um seine Zerstörung machen muss.» Delury glaubt, Nordkorea würde sich wirtschaftlich gern in das blühende Nordostasien integrieren. Aber gerade daran sind Zweifel erlaubt. Noch immer schottet sich das Land nach Kräften ab, auch wenn die Grenzen dank der digitalen Revolution durchlässiger werden. Mag der Geschäftsmann Trump auch eher zu einem «Deal» bereit sein als George W. Bush und Barack Obama es waren, die sich beide von der Tyrannei der Kim-Dynastie regelrecht abgestoßen fühlten – das Misstrauen zwischen Washington und Pjöngjang ist zu groß, als dass es zu einem Handel Abrüstung gegen Sicherheitsgarantie und Wohlstandsversprechen kommen könnte.[108]

Kooperationen mit dem Ausland soll es nach dem Wunsch Pjöngjangs dennoch geben. Deshalb hat die Führung rund ein Dutzend Sonderwirtschaftszonen eingerichtet. Viel tut sich dort bisher allerdings nicht, eine Folge der mangelnden Infrastruktur und der Sanktionen. Von diesen zunächst unberührt arbeitete der Industriepark Kaesong, ein paar Kilometer nördlich der Demilitarisierten Zone gelegen. Dort hatten südkoreanische Unternehmen moderne Fabriken gebaut, in denen 53 000 Nordkoreaner einen Arbeitsplatz fanden. Diese von Seoul und Pjöngjang gemeinsam betriebene Wirtschaftszone war das bis heute hoffnungsvollste Zeichen einer möglichen Annäherung zwischen den beiden koreanischen Staaten. Aber im Februar 2016 zog die damalige südkoreanische Präsidentin Park Geun Hye aus Protest gegen den vierten Atomtest des Nordens alle Südkoreaner aus Kaesong ab.

Ob Kim Jong Un auf Dauer wirklich die Wirtschaft des Landes und seine Atomwaffen parallel entwickeln kann? Zweifel sind erlaubt. Schmuggel und kleiner Grenzverkehr können die Wirkung der über Nordkorea verhängten Sanktionen kaum abschwächen. Der Widerspruch zwischen beiden Zielen ist offenkundig. Da aber Kim von seiner nuklearen Aufrüstung nicht lassen wird, weil er glaubt, nur sie garantiere ihm das politische Überleben, wird die Wirtschaft den erhofften Aufschwung nicht nehmen können. Viele Fabriken werden weiter stillstehen, viele Hafenanlagen verrosten. Selbst die Wirklichkeit hinter den Hochhausfassaden an den Prachtstraßen Pjöngjangs ist oft ernüchternd, gerade im Winter, wenn es keinen Strom gibt, keine Heizung und kein heißes Wasser. Bis heute zeigen Aufnahmen von Satelliten, die des Nachts über die glitzernden Metropolen und hell erleuchteten Industriegebiete Ostasiens fliegen, Nordkorea als eine große schwarze Fläche. Als Land ohne Lichter.

Zweiter Teil

SÜDKOREA

III. Das andere Korea

1. Brücke ohne Wiederkehr

Panmunjom ist die letzte Pilgerstätte des Kalten Krieges. Während das Brandenburger Tor und der Checkpoint Charlie mitten im wiedervereinigten Berlin Zeugen einer fernen Vergangenheit sind, ist das Leiden an der Teilung im Waffenstillstandsort am 38. Breitengrad noch immer gegenwärtig. Als hätte Korea gar nicht Notiz davon genommen, dass es den alten Ost-West-Konflikt nicht mehr gibt, bleibt die Grenze verriegelt und verrammelt. Hier ist kein Durchkommen für alte Freunde und getrennte Familien. Es führt keine Autobahn und es fährt kein Zug von Seoul nach Pjöngjang. Es gibt auch keine Flugverbindung zwischen den beiden Hauptstädten. Es gehen keine Briefe und keine Pakete hin und her, und anrufen können sich die Menschen auch nicht. Ein paar Mal hat das Rote Kreuz getrennte Familien zusammengeführt, aber das waren kurze Visiten von dramatischer Hektik im Schein der Fernsehkameras. Anders als damals zwischen der Bundesrepublik und der DDR gibt es kein Passierscheinabkommen und keine Reiseerlaubnis für Rentner. Mancher Bruder hat seine Schwester seit achtzig Jahren nicht mehr gesehen, und wird es vielleicht auch nicht mehr schaffen, bevor es ans Sterben geht.

In der Tauwetterphase um die Jahrtausendwende, als Kim Dae Jung und Roh Moo Hyun in Seoul regierten, zwei liberale Präsidenten, die mit ihrer «Sonnenscheinpolitik» Entspannung nach dem Vorbild Willy Brandts und seiner Ostpolitik praktizierten, da hatte sich die Grenze einen Spalt weit geöffnet, wenn auch nur von Süd nach Nord. Auf seinen Kreuzfahrtschiffen brachte der Hyundai-Konzern zehn Jahre lang, von 1998 bis 2008, insgesamt 1,9 Millionen Touristen in das wildschöne Kumgang-Gebirge nördlich der Demilitarisierten Zone (DMZ). Die Südkoreaner blieben dort allerdings unter sich. Dann machte sich im Juli 2008 eine Touristin allein auf einen Morgenspaziergang, kam vom Wege ab und wurde von einem nordkoreanischen Soldaten erschossen. Prompt ordnete der neue, konservative Präsident Lee Myung Bak das Ende der Ausflüge in den Norden an. Kontakte zwischen Wissenschaftlern, Künstlern, Sportlern und Managern gab es noch danach. Auch ihre Begegnungen halfen, die Sprachlosigkeit zwischen Nord und Süd zu überwinden. Und es gab die Investitionen südkoreanischer Firmen im Industriepark von Kaesong. Heute, nachdem die südkoreanischen Unternehmen ihren Betrieb in Kaesong einstellen mussten, herrscht an der innerkoreanischen Grenze wieder Kalter Krieg.

Am 38. Breitengrad stehen 1 200 000 nordkoreanische Soldaten einer 630 000 Mann starken südkoreanischen Armee gegenüber, dazu kommen 28 500 amerikanische Soldaten. Die Nordkoreaner verfügen über 3 500, die Südkoreaner über 2400 Kampfpanzer. Gepanzerte Fahrzeuge: 3092 im Norden, 3370 im Süden. Artilleriegeschütze: insgesamt 21 000 auf nordkoreanischer und 11 000 auf südkoreanischer Seite. Der Norden hat 545 Kampfflugzeuge, der Süden 567. Und da sind die Raketen und Marschflugkörper, die Kriegsschiffe und U-Boote beider Seiten noch gar nicht mitgezählt, auch nicht die Flugzeugträger und strategischen Bomber der Vereinigten Staaten. Käme es in Korea erneut zum Krieg, dann drohten Kämpfe, da hat US-

Verteidigungsminister James Mattis ganz recht, wie sie in unserer Lebensspanne noch kaum ein Mensch erlebt hat.

Ich bin mehrmals nach Panmunjom gefahren, einmal aus nördlicher Richtung, ein paar Mal von Seoul aus, das erste Mal im Februar 1985. Vom Stadtrand Seouls sind es nur 45 Kilometer, eine «halbe Panzerstunde» in den Worten eines südkoreanischen Offiziers. Militärpolizei kontrolliert die Fahrzeuge. Die Straße nach Norden lässt sich mit einem guten Dutzend meterdicker Beton- und Stahlsperren jederzeit abriegeln. Im Schritttempo poltert unser Bus über die Holzbohlen der «Freiheitsbrücke». Unter uns glitzert die weite Eisfläche des Imjin-Flusses. Die drei amerikanischen Soldaten, die auf der Brücke patrouillieren, haben die fellbesetzten Kapuzen ihrer Parkas tief ins Gesicht gezogen. Das Gewehr vor der Brust, knallen sie salutierend die Hacken zusammen.

Die «Freiheitsbrücke» führt in militärisches Sperrgebiet. Vom nördlichen Flussufer sind es noch wenige Meter bis zur Demilitarisierten Zone, die 4000 Meter breit die koreanische Halbinsel durchschneidet. Rechts und links der Straße warnen rote Tafeln vor dem Betreten der Felder: Minengefahr! In Panmunjom selbst gelten strenge Regeln. Die Grenze verläuft mitten durch die Gemeinsame Sicherheitszone, ja direkt über den Tisch in der Mitte der Baracke, in der am 27. Juli 1953 der Waffenstillstand unterzeichnet wurde, mit dem der Koreakrieg zu Ende ging. Einige der bestausgebildeten Soldaten Pjöngjangs stehen hinter der nördlichen Barackenwand, ein paar von Seouls Elitekämpfern hinter der südlichen. Die Hände auf dem Rücken schweigen sie sich an.

Dem Besucher ist jeder Gesprächskontakt mit den nordkoreanischen Soldaten, die nur wenige Meter entfernt stehen, und jegliche missverständliche Geste strikt verboten. Zuvor musste er eine Erklärung unterschreiben: «Ich verstehe, dass mein bevorstehender Besuch der gemeinsamen Sicherheitszone von Panmunjom in feindliches Gebiet führt und dass ich mich dem

Risiko der Verwundung oder des Todes durch eine Aktion des Feindes aussetze.»

Unbegründet ist die Furcht vor Zwischenfällen nicht. Berüchtigt ist eine tödlich endende Auseinandersetzung im Jahr 1976. Als amerikanische Soldaten eine Pappel fällen wollten, die ihnen die Sicht versperrte, ging ein nordkoreanisches Kommando mit Äxten auf sie los und erschlug zwei Amerikaner, Hauptmann Arthur Bonifas und Leutnant Mark Barrett. Ihr Tod hätte fast den nächsten Krieg auf der Halbinsel ausgelöst. Denn Washington wollte zunächst mit aller Gewalt zurückschlagen. Vor allem der damalige Außenminister Henry Kissinger forderte eine harte Antwort. Präsident Gerald Ford allerdings mochte keine Eskalation riskieren. Am Ende blieb es bei einer Demonstration militärischer Macht, aber die hatte es in sich. Während ein Trupp von zwei Dutzend Amerikanern und Südkoreanern – unter ihnen der heutige südkoreanische Präsident Moon Jae In als Mitglied einer Spezialkampfeinheit – mit Kettensägen und Äxten in die gemeinsame Sicherheitszone rollte, um die «verdammte Pappel» nun endgültig zu fällen, kreisten südlich der Demilitarisierten Zone fast dreißig Hubschrauber. B-52-Bomber stiegen auf, begleitet von F-4- und F-5-Kampffliegern, auf dem Osan-Luftwaffenstützpunkt standen F-111-Kampfbomber startklar, und vor der Küste hielt sich der Flugzeugträger Midway bereit.

Die Nervosität auf der anderen Seite war keinen Deut geringer. Als die Nordkoreaner registrierten, wie Amerikaner und Südkoreaner ihre Truppen in Alarmbereitschaft versetzten, unterbrach Radio Pjöngjang sein Programm und verkündete, die gesamte Armee und alle Reservisten würden in «volle Kampfbereitschaft» versetzt. Für die Hauptstadt wurde Verdunklung angeordnet, Sirenen ertönten und die Bevölkerung musste sich in die Luftschutzbunker begeben. Führende Funktionäre wurden in die für sie bereitstehenden Tunnel evakuiert.[109]

Die dramatische Episode zeigte, wie schnell es am 38. Breitengrad mit dem Frieden vorbei sein konnte. Dank des kühlen

Kopfes fast aller Beteiligten und dank ausgeklügelter Verhaltensregeln, wie man sich auf den wenigen Quadratmetern von Panmunjom zu bewegen hat, ist es jedoch danach ruhig geblieben. Nur einmal noch kam es zu einem dramatischen Zwischenfall. Im November 1984 nutzte ein 22 Jahre alter Mitarbeiter der sowjetischen Botschaft in Pjöngjang einen Besuch in Panmunjom zur Flucht. Nordkoreanische Soldaten stürmten hinter ihm her. Bei der folgenden Schießerei kamen drei Nordkoreaner ums Leben.

An Panmunjoms UN-Kontrollpunkt Nummer drei (die Soldaten auf südlicher Seite sind mit einem Mandat der Vereinten Nationen hier) im westlichen Teil der Gemeinsamen Sicherheitszone liegt die «Brücke ohne Wiederkehr». Nach dem Ende des Koreakrieges wurden über diese Brücke die Kriegsgefangenen nach Hause geschickt, danach war sie lange Zeit der einzige Grenzübergang zwischen Nord und Süd. Von hier aus blickt man auf zwei Dörfer, die den schon Jahrzehnte während Propagandakrieg versinnbildlichen. Im Süden liegt Taesong Dong, in dem einige Dutzend Bauernfamilien ihre Felder bestellen. Hundert Meter über dem Dorf weht eine riesige südkoreanische Nationalflagge. Der Norden hält mit einem 160 Meter hohen Flaggenmast über seinem Grenzdorf dagegen, das die Südkoreaner Kijong Dong nennen, «Propagandadorf». Doch die Propaganda geht hier von beiden Seiten aus, auch mit dem Lärm gewaltiger Lautsprecher. Jahrelang, als die Beziehungen sich ein wenig erwärmt hatten, waren sie ausgeschaltet. Nun, da die Spannungen gestiegen sind, dröhnen wieder kämpferische Musik und politische Parolen durch die Stille an der Demilitarisierten Zone.

Eine besondere Touristenattraktion sind die Tunnel, die von den Nordkoreanern unter der DMZ hinweg Richtung Süden durch den Felsen getrieben wurden. Drei Tunnel hatten die Südkoreaner entdeckt, als ich zum ersten Mal Panmunjom besuchte. Einen vierten fanden sie fünf Jahre später. Auf Tunnel Nummer drei, in der Nähe von Panmunjom, stießen sie 1978 durch den Hinweis eines Überläufers. Er ist 1635 Meter lang und erstreckt sich 435 Meter weit in südkoreanisches Territorium hinein. Im Kriegsfall sollten, so hatten sich die Nordkoreaner das vorgestellt, zweitausend Soldaten pro Stunde durch die zwei Meter hohe und zwei Meter breite Tunnelröhre nach Süden stürmen, in Dreierreihen und mit vollem Marschgepäck, erläuterte mir ein Begleitoffizier.

Durch einen von den Südkoreanern angelegten Stichtunnel ging es 73 Meter in die Tiefe. Dann nach links. Unter den Schuhsohlen quietschten feuchte Gummimatten. Nach zweihundert Metern stießen wir auf die erste von drei Betonsperren, mit denen die Südkoreaner den Tunnel zugemauert hatten. Wir zwängten uns durch eine kleine quadratische Öffnung. Noch ein paar Schritte, und wir blickten auf den wohl einsamsten Wachposten der Erde. Unbeweglich stand er da, das Gesicht starr nach Norden gerichtet. Neben ihm war ein Maschinengewehr mit eingelegtem Patronengurt aufgebaut. Der Posten blickte in die Finsternis, auf die letzte Betonwand, fünf Meter dick. Zwischen ihm und der Wand: Minen und Sonargeräte. Nur drei Kanarienvögel leisteten dem einsamen Soldaten Gesellschaft. Nervös hüpften sie in ihrem hölzernen Käfig hin und her. Auch sie hatten einen militärischen Auftrag, denn sie reagieren viel empfindlicher als menschliche Nasen auf einströmendes Gas. Einmal in der Woche, am Sonntag, wurden die Kanarienvögel hinauf in die Sonne getragen. Dann ging es für das lebende Frühwarnsystem wieder zurück ins Dunkel.[110]

2. Herrschaft der Militärs

Es gibt nur wenige Länder, die ihre innenpolitischen Auseinandersetzungen mit einer so gnadenlosen Härte austragen wie Südkorea. Die Gründe dafür: die fehlende demokratische Tradition, die japanische Kolonialherrschaft, die Bedrohung durch den kommunistischen Norden. Und natürlich der Koreakrieg. Er war zwar ein Krieg zwischen Staaten, aber zugleich war er auch ein Bürgerkrieg. Und wie Bürgerkriege immer, war auch dieser von besonderer Brutalität. Er zerriss Millionen von Familien und hinterließ Hass und Argwohn. Es brauchte nicht viel, um in Südkorea als Kommunist, als Agent des Nordens verunglimpft zu werden. Wer sich in diesem innenpolitischen Klima behaupten wollte, musste von robuster Natur sein und nicht nur unbedingten Machtwillen mitbringen, sondern auch die Bereitschaft, Gewalt zur Erhaltung der Macht einzusetzen. Über Jahrzehnte saßen Männer im «Blauen Haus» von Seoul, dem Amtssitz des Präsidenten, die notfalls über Leichen gingen.

Südkoreas erster Präsident Syngman Rhee, der von 1948 bis 1960 regierte, war ein in Kämpfen gegen die japanischen Kolonialherren und in langen Jahren des Exils ergrauter Nationalist. Das erste Mal war er mit 22 Jahren von den Japanern nach einer Demonstration zu lebenslanger Haft verurteilt worden. 1904 wurde er aus dem Gefängnis entlassen, ging nach Amerika und studierte an der George Washington Universität, in Harvard und Princeton. 1919 wurde er zum Präsidenten einer koreanischen Exilregierung gewählt. Als ihn die Amerikaner nach dem Ende des Zweiten Weltkrieges zum Chef der Übergangsregierung machten, war er 71 Jahre alt. 1948 wurde Rhee Staatspräsident. Nach dem Ende des Koreakrieges machte sich das in Trümmern liegende Land an den Wiederaufbau, von Rhee mit harter Hand regiert. Wer opponierte, wurde eingeschüchtert und eingesperrt.

Gegen sein zunehmend autoritäres Regiment regte sich mit den Jahren immer mehr Widerstand, besonders unter den Studenten. Als der inzwischen 85 Jahre alte Syngman Rhee 1960 erneut bei den Präsidentschaftswahlen antrat und Gerüchte über geplante Wahlfälschungen die Runde machten, eskalierten die Studentenproteste zur offenen Rebellion. Die Regierung setzte die Polizei in Marsch, allein in Seoul wurden 130 Studenten erschossen und etwa tausend verletzt. Die Legitimität seiner Regierung war dahin, Rhee musste gehen. Ein Flugzeug der CIA brachte ihn und seine Frau ins Exil nach Hawaii. Dort starb er 1965.[111]

Eine kurze Übergangszeit, in der Hoffnungen auf eine politische Liberalisierung und einen Übergang zur parlamentarischen Demokratie keimten, fand ihr jähes Ende, als am 16. Mai 1961 eine Gruppe von Offizieren unter Führung des Generals Park Chung Hee putschte. Park, 1917 als Kind armer Bauern geboren, hatte seine militärische Laufbahn in der kaiserlichen japanischen Armee begonnen. Er besuchte die japanische Militärakademie, wurde Offizier, und nahm, wie es damals alle Koreaner mussten, einen japanischen Namen an, Masao Takagi. Disziplin, Härte, Pflicht, Autorität – es waren diese militärischen Eigenschaften, mit denen Park als Präsident das Land regierte. Unter ihm nahm Südkorea in den sechziger Jahren seinen erstaunlichen wirtschaftlichen Aufschwung. Aus dem bitterarmen, agrarisch geprägten südlichen Teil der Halbinsel wurde ein modernes Industrieland. Staatliche Lenkung, enge Zusammenarbeit zwischen Regierung und Großkonzernen, den *Chaebols*, sowie eine auf Billigproduktion und Exportorientierung beruhende Wachstumsstrategie waren Grundlagen des Erfolgs. Erkauft wurde er mit niedrigen Löhnen, mangelnder sozialer Absicherung, Verfolgung jeder gewerkschaftlichen Aktivität und massiver politischer Repression. Immer eklatanter wurde der Kontrast zwischen ökonomischem Aufstieg und politischer Stagnation. «Parks Versuch, Südkoreas Aufschwung über Kasernenhof-Disziplin und technokratische Steuerung statt über politische Beteiligung und Demokratisierung zu bewerkstelligen, zerschellte schließlich an seinen inneren Widersprüchen und an den klassischen Problemen der Alleinherrschaft.»[112]

Bei den Präsidentschaftswahlen 1971 siegte Park nur knapp über den Kandidaten der Opposition, Kim Dae Jung. Der aus der traditionell rebellischen Provinz Cholla stammende Kim hatte Park vorgeworfen, er strebe eine Präsidentschaft auf Lebenszeit an und wolle sich zum «Generalissimo» aufwerfen. Er sollte Recht behalten. Im Oktober 1972 verhängte Park das Kriegsrecht, erklärte die Verfassung für ungültig, löste die Nationalversammlung auf und legte einen Plan vor, nach dem der Präsident in Zukunft indirekt gewählt werden sollte. Unter der neuen «Yushin»-Verfassung wurde Südkorea endgültig zur Militärdiktatur. Kritik, sei es von den Studenten, den Kirchen oder den Gewerkschaften, wurde rigoros unterdrückt, die Presse einer scharfen Zensur unterworfen.

Wortführer des Widerstandes ist Kim Dae Jung, verehrt von den einen, verhasst bei den anderen. Als der Kriegszustand ausgerufen wird, ist Kim gerade in Japan. Er beschließt, zunächst dort zu bleiben, denn daheim droht ihm die sofortige Verhaftung. Am 8. August 1973 trifft er in Tokio zwei südkoreanische Abgeordnete zum Mittagessen in einem Hotel. Eine Falle, wie sich zeigen wird. Als er sich nach dem Essen von den beiden Parlamentariern verabschiedet, wird er von drei Männern in einen Nebenraum gedrängt. Er wird geschlagen, getreten und betäubt. Die Männer schleppen ihn in ein bereitstehendes Auto, fahren ihn über die Autobahn zum Hafen, verfrachten ihn auf ein Motorboot und stechen in See. Auf offenem Meer wird er einem größeren Schiff übergeben, er wird gefesselt, an seinen Händen und Füßen werden Gewichte befestigt. Kim, so scheint es der Plan der Entführer zu sein, soll auf hoher See ertränkt werden.

In Windeseile verbreitet sich die Nachricht vom Kidnapping des koreanischen Oppositionsführers, in Japan sorgt sie für riesigen politischen Wirbel. Die Meldungen aus Tokio schrecken auch Amerikas Botschafter in Seoul, Philip Habib, auf. Der Diplomat, der keinen Zweifel daran hat, dass der südkoreanische Geheimdienst KCIA hinter der Entführung steckt, legt bei Präsident Park schärfsten Protest ein: Die Beziehungen zu den USA würden schwer belastet, sollte Kim Dae Jung nicht wieder lebend auftauchen. Es ist wohl die Intervention der Amerikaner, die Kim rettet. Auf dem Schiff werden ihm die Gewichte abgenommen, seine Fesseln gelöst. Fünf Tage nach dem Kidnapping in Tokio werfen die Entführer Kim ein paar Straßenzüge von seinem Haus in Seoul entfernt aus dem Auto. Am nächsten Tag wird Kim unter Hausarrest gestellt.[113]

Nein, friedlich waren die Umstände nicht, unter denen Südkorea seinen wirtschaftlichen Aufstieg nahm. Die Bedrohung aus dem Norden mochte bisweilen aufgebauscht werden, um die repressive Politik im Inneren zu rechtfertigen. Aber sie war kein Hirngespinst, wie terroristische Aktionen immer wieder zeigten. So konnte im Jahr 1968 ein nordkoreanisches Selbstmordkommando, das den Auftrag hatte, Park Chung Hee zu töten, erst auf dem Gelände des Blauen Hauses gestoppt werden.

Am 15. August 1974, dem südkoreanischen Nationalfeiertag, an dem des Kriegsendes und der Befreiung von der japanischen Kolonialherrschaft gedacht wird, hält Park Chung Hee eine Rede im Nationaltheater von Seoul. Plötzlich fallen Schüsse. Südkoreas First Lady, die auf der Bühne neben dem Rednerpult sitzt, sinkt getroffen zu Boden. Die Schüsse, die dem Präsidenten galten, hat Mun Se Kwang abgefeuert, ein im japanischen Osaka lebender, 22 Jahre alter Koreaner, der später zugeben wird, von einer pro-nordkoreanischen Vereinigung zu dem Attentat angestiftet worden zu sein. Mit Parks Ehefrau stirbt ein 16-jähriges Schulmädchen, Mitglied eines Chors, der dem Auftritt des Präsidenten einen festlichen Rahmen geben sollte. Park selbst bleibt unverletzt. Nachdem sich der Tumult gelegt hat, seine Frau aus dem Saal getragen und der Attentäter überwältigt worden ist, setzt Park zum Erstaunen aller seine Rede fort. Als er sie beendet hat, sieht er, dass unter dem Stuhl seiner Frau noch deren Schuhe und Handtasche liegen. Er hebt sie auf und geht von der Bühne.[114]

Park Chung Hee, immer schon ein verschlossener und düsterer Einzelgänger, zieht sich nun noch mehr zurück. Anstelle der

Mutter beginnt seine Tochter Park Geun Hye öffentliche Auf-
tritte zu übernehmen. Fast vier Jahrzehnte später wird sie selbst
als Präsidentin Südkoreas ins Blaue Haus zurückkehren.

Schärfste Waffe in Parks Kampf gegen die Terrorgefahr aus
dem Norden und bei der Verfolgung der Opposition im Inneren
ist der allmächtige Geheimdienst KCIA. Seine Spitzel und Fol-
terknechte verbreiten bei den Gegnern und Kritikern des Regimes Angst und Schrecken. Mächtiger und rücksichtsloser als
sein amerikanisches Vorbild, wird die KCIA zum Staat im Staate.
Mit dem Geheimdienst legt man sich besser nicht an, auch nicht
als Präsident. Am 26. Oktober 1979 gibt KCIA-Direktor Kim
Jae Kyu ein Abendessen für Park in einem Gebäude des Geheimdienstes auf dem Gelände des Blauen Hauses. Park wird
begleitet von seinem Sicherheitschef Cha Chi Chol und dem
Chef seines Sekretariats. Als Park und Cha dem KCIA-Chef
vorwerfen, er bekomme die inneren Unruhen nicht unter Kontrolle, bricht am Tisch offener Streit aus. Kim Jae Kyu verlässt
den Raum, lässt sich von seinen Leibwächtern eine Smith &
Wesson-Pistole geben, kehrt zurück und schießt auf den Präsidenten und seinen Sicherheitschef. Als die Pistole klemmt, lässt
er sich eine zweite Waffe reichen und tötet beide mit einem
Kopfschuss.[115]

Noch in der Nacht ernennt das Kabinett Ministerpräsident
Choi Kyu Ha zum amtierenden Präsidenten. Doch wer mit dem
früheren Diplomaten die Hoffnung auf eine Beruhigung der politischen Lage verbunden hat, wird rasch enttäuscht. Am Abend
des 12. Dezember 1979 putscht eine Gruppe von Generalen
unter Führung von Generalmajor Chun Doo Hwan gegen die
eigene Armeeführung. Als Chef des Sicherheitsdienstes der
Streitkräfte lässt Chun den Generalstabschef verhaften. Schnell
wird klar, dass die Putschisten nach der politischen Macht
im Staate greifen. Die Chance auf einen demokratischen Neu-
beginn ist nach der «Nacht der Generäle» erst einmal wieder dahin.

Chun säubert die Spitze des Militärs und des Geheimdienstes von rivalisierenden Offizieren, denen er Korruption und eine Verwicklung in das Attentat auf Park Chung Hee vorwirft. In einem «Putsch auf Raten» reißt der Armeegeneral die Gewalt an sich. Nach dem Rücktritt des zivilen Übergangspräsidenten Choi Kyu Ha übernimmt Chun im September 1980 auch offiziell die Staatsführung. «Ich habe keinen politischen Ehrgeiz», hat der General noch wenige Monate zuvor versichert. Doch dann hängt er die Uniform an den Nagel und lässt sich als Kandidat der vom Militär ins Leben gerufenen «Demokratischen Gerechtigkeitspartei» zum Präsidenten wählen. Aus seiner Bewunderung für Park Chung Hee macht Chun keinen Hehl. «Er war ein außergewöhnlicher Führer, ein Führer fast ohne Beispiel in unserer Geschichte», sagt er. «Kratze an Chun, und du findest Park», spottet ein westlicher Diplomat in Seoul.

Was ihm an persönlicher Ausstrahlung und an politischer Erfahrung fehlt, macht Chun durch harte Arbeit, eiserne Disziplin und Willensstärke wett. Bei den Südkoreanern aber bleibt er unpopulär. Immerhin, in den ersten vier Jahren seiner Amtszeit wächst die Wirtschaft jährlich um sieben bis acht Prozent. Das Pro-Kopf-Einkommen, Anfang der sechziger Jahre noch bei kärglichen 87 Dollar im Jahr, überschreitet 1985 erstmals die 2000-Dollar-Marke. Chuns größter Erfolg wird die Vergabe der Olympischen Sommerspiele 1988 an Seoul.

Bei allem wirtschaftlichen Fortschritt, auf politische Liberalisierung wartet das Land vergebens. Noch immer sitzen rund tausend politische Häftlinge in den Gefängnissen, Folterungen sind an der Tagesordnung. Das Regime knebelt die Presse, Studentendemonstrationen werden niedergeknüppelt, die Augen und Ohren des Geheimdienstes sind allgegenwärtig. Unter Chun bleibt Südkorea ein Polizeistaat.

Als im Mai 1980 die Unruhen im Land zunehmen, ruft nun auch Chun das Kriegsrecht aus. Er lässt Hunderte von Politikern und Regierungsbeamten festsetzen und missliebige Journa-

listen feuern. In einer bestialischen Orgie der Gewalt schlagen
Spezialtruppen einen Volksaufstand in der Provinzhauptstadt
Kwangju nieder. Nach offiziellen Angaben kommen 191 Einwohner ums Leben; die Opposition behauptet, die Armee habe
in Kwangju fast 2000 Menschen getötet. Die Schande von
Kwangju, des «koreanischen My Lai», wird Chun nie wieder
los.

All dies stand in einem sehr kritischen Porträt, das ich im
April 1986 für die ZEIT geschrieben hatte, als Chun Doo Hwan
zum Staatsbesuch nach Bonn kam. Der damalige Bundespräsident Richard von Weizsäcker, der als Ratsmitglied der EKD
mehrfach Südkorea besucht hatte und mit dem unter Hausarrest
stehenden Oppositionsführer Kim Dae Jung zusammengetrof-
fen war, drang bei seinem Gast auf die Einhaltung der Menschenrechte. Niemand in der Bundeshauptstadt hatte sich auf
den Besucher aus Seoul gefreut. Auf ihn passte, schrieb ich, das
Wort, das Willy Brandt auf den südvietnamesischen Machthaber
Nguyen Van Thieu gemünzt hatte: «Es gibt Besucher, die sieht
man lieber gehen als kommen.» Auch in der südkoreanischen
Botschaft hatte man das Porträt gelesen. Als ich am Rande des
Staatsbesuches einen Mitarbeiter der Botschaft traf, sagte dieser vorwurfsvoll: «So begrüßen wir in Korea unsere Gäste
nicht!» Um dann mit gesenkter Stimme hinzuzufügen: «Aber
ich stimme Ihnen in allem zu, was Sie geschrieben haben.»[116]

Im Februar 1988 übergab Chun das Präsidentenamt an seinen
Nachfolger Roh Tae Woo. In den letzten Monaten seiner Amtszeit war Südkorea ein anderes Land geworden. Eine breite, von
der Mittelschicht getragene Protestbewegung hatte sich gegen
die Herrschaft der Militärs erhoben. So tiefgreifend der Wandel
war, der das Land erfasste, so friedlich war er. Die Armee blieb
in den Kasernen. In den folgenden Jahren begann Südkorea, das
Erbe der Diktatur aufzuarbeiten. Die Anhörungen der parlamentarischen Untersuchungsausschüsse wurden live im Fernsehen übertragen. Das Drama einer demokratischen Selbstreini-

gung zog eine Gesellschaft in den Bann, die zuvor nur ein machtloses Parlament, eine geknebelte Presse und eine willfährige Justiz gekannt hatte.

Vor den Fernsehkameras bat Chun Doo Hwan seine Landsleute um Verzeihung. «Ich bereue meine Sünden zutiefst», beteuerte er unter Tränen. Die Öffentlichkeit verlangte Aufklärung, nicht nur über Verfolgung, Tod und Folter. Chun und seiner Familie, vor allem seiner Ehefrau, wurde vorgeworfen, sich in den Jahren seiner Präsidentschaft hemmungslos bereichert zu haben. Zweihundert Millionen Dollar solle Chun zurückzahlen, entschied der Oberste Gerichtshof. Geld, beteuerte der Ex-Präsident, das er nicht habe.

Demonstrativ tat Chun Buße. Gemeinsam mit seiner Frau ging er in das abgelegene buddhistische Kloster Paektamsa. Dort lebte er in einer Mönchszelle – ohne Strom, Toilette und Heizung.[117] 1990 kehrte er aus dem Kloster in sein Haus zurück. Aber der Bußgang verschonte ihn nicht vor Strafe. 1996 wurde Chun Doo Hwan zum Tode verurteilt. In einem Berufungsverfahren 1997 wurde die Todesstrafe in eine lebenslange Haftstrafe umgewandelt. Wenig später wurde er begnadigt und aus der Haft entlassen. Die Begnadigung, sagte der damalige Präsident Kim Young Sam, solle ein Schritt sein auf dem Weg zur nationalen Aussöhnung.

3. Aufstand gegen die Diktatur

Die achtziger Jahre waren eine gute Zeit für die Demokratie. Überall auf der Welt begannen totalitäre und autoritäre Strukturen aufzubrechen. In Polen organisierten sich die Danziger Werftarbeiter in der Gewerkschaft Solidarnosc. In Moskau kam mit Michail Gorbatschow im März 1985 ein Parteichef an die Macht, der mit seiner Politik von Glasnost und Perestroika die Sowjetunion von Grund auf erneuern wollte und dessen Reformen den Ostblock im Innersten erschütterten. In Lateinamerika wurden die Generäle in die Kasernen zurückgeschickt, statt einer Militärjunta regierten in Brasilia und Buenos Aires nun wieder Zivilisten. Und auf den Philippinen jagte *people's power* den Autokraten Ferdinand Marcos aus dem Amt – die Macht des Volkes, unterstützt von einer hochpolitischen katholischen Kirche, schickte im Februar 1986 einen der übelsten Diktatoren Asiens ins Exil. Als seine Nachfolgerin zog die Volksheldin Corazon Aquino unter dem Jubel der Massen in den Präsidentenpalast Malacanang ein. Ein weiteres, dramatisches Kapitel dieser globalen Demokratisierung wurde in Südkorea geschrieben.

Vor dem Tränengas der Polizei kann sich im Juni 1987 in Seoul niemand schützen. Über die Klimaanlagen dringt es bis in die Büros der Hochhäuser in der Innenstadt. Als gingen sie durch Wolken frisch gemahlenen Pfeffers, so keuchen, husten und heulen die Einwohner der Hauptstadt zehn Tage lang im Dauerfeuer der Gasgranaten. Die Polizisten schießen sie in die U-Bahnschächte und in die Einkaufspassagen, sie feuern auf Demonstranten und Passanten. Die Zehn-Millionen-Stadt ringt nach Atem.

Am 2. Juni hat Präsident Chun Doo Hwan dem Exekutivkomitee seiner Demokratischen Gerechtigkeitspartei mitgeteilt, Roh Tae Woo solle der Kandidat der Regierungspartei bei der für Ende des Jahres geplanten Präsidentschaftswahl werden. Immer wieder hatte Chun betont, er strebe keine zweite Amtsperiode an. Die erste friedliche Übergabe der Macht seit Gründung der Republik solle sein politisches Vermächtnis sein. An dieses Versprechen will er sich halten.

Chun Doo Hwan und Roh Tae Woo kennen sich seit ihrer Jugend, sie sind seit langem enge Freunde. Beide stammen aus der Nähe von Taegu, gemeinsam absolvieren sie die Militärakademie und machen in der Armee Karriere. Der zwei Jahre ältere Chun ist auf dem Weg nach oben stets einen Schritt voraus. Roh folgt ihm auf fünf wichtigen militärischen Positionen. Jetzt soll er nach dem Wunsch Chuns auch dessen Nachfolger im Blauen Haus werden. Als die Regierungspartei Rohs Nominierung am 10. Juni offiziell beschließt, brechen im ganzen Land gewalttätige Unruhen aus, wie sie Südkorea seit dem Sturz Syngman Rhees 1960 nicht mehr erlebt hat.

Eines der Zentren des Protestes ist die berühmte Yonsei-Universität. Schon immer waren die Studenten die treibende Kraft bei dem Versuch, politischen Wandel zu erreichen. Seit sie die Volkserhebung gegen die japanischen Kolonialherren am 1. März 1919 anführten, gelten sie in Korea als das Gewissen der Nation – ähnlich wie im gleichfalls konfuzianisch geprägten China. An diesem Montag im Juni riegelt die Bereitschaftspolizei die Yonsei-Universität weiträumig ab. Ausländische Reporter wie ich werden jedoch problemlos durch die Reihen der Polizei gelassen. Auf dem Campus versammeln sich ein paar tausend Studenten. Nach einigen Stunden marschieren sie zum Tor der Universität. Doch sie können die Polizeistaffeln nicht überwinden. Einige Aktivisten stürmen durch die Tränengasnebel vor, schleudern aus nächster Nähe Molotowcocktails auf die Polizisten. Die antworten mit neuen Tränengassalven.

Eine Kundgebung von 20 000 Studenten auf dem Campus der Yonsei-Universität am Dienstag läuft friedlich ab. Die Regierung hat die meisten Universitäten mittlerweile schließen lassen, die Prüfungen sind auf den Herbst verschoben worden. Doch die Studenten sind entschlossen, ihren Kampf gegen das Regime auf den Straßen der Hauptstadt fortzusetzen. Die Bilanz der Proteste nach zwei Wochen: ein toter Polizist, ein lebensgefährlich verletzter Demonstrant, 336 Verhaftungen und 12 686 Festnahmen.

Nicht nur an den Universitäten, auch in den Kirchen formiert sich der Protest. Ähnlich wie im Jahr zuvor auf den Philippinen, wollen auch in Südkorea die christlichen Gemeinden nicht länger zur Verletzung der Menschenrechte und zu den sozialen Ungerechtigkeiten schweigen. Auch wenn nur etwa ein Viertel der Südkoreaner Christen sind, so bekennt sich doch die Mehrheit der Elite des Landes zum Christentum. Ihre Proteste und ihre Gebete tönen dem Regime besonders laut in den Ohren. Selbst in den Gotteshäusern der Presbyterianer, die als konservativ gelten, verteilen Aktivisten Aufkleber, auf denen zu lesen steht: «Gerechtigkeit, Frieden, Freiheit»; «Herr, gib diesem Land die Demokratie»; «Wahrt die Menschenrechte, befreit die politischen Gefangenen».

Zum Symbol des Widerstands wird die Myongdong-Kathedrale im Herzen Seouls. Überall in den Seitengassen lagert Bereitschaftspolizei. Seit sechs Tagen verbarrikadieren sich Studenten in der Kathedrale. Nonnen und Priester aus ganz Seoul sind herbei geeilt, um die Studenten vor einem Sturmangriff der Polizei zu schützen. Am Ende erreicht Kardinal Kim Sou Hwan, seit langem ein mutiger Streiter für die Demokratisierung Südkoreas, dass sie unbehelligt abziehen dürfen.

Die Passanten haben sich an die allgegenwärtigen olivgrünen Uniformen und die vergitterten Busse der Polizei gewöhnt. Sie würdigen die zivilen Greifkommandos mit den blauen Jeansjacken und den weißen Schutzhelmen keines Blickes, die paarweise an den Ausgängen der U-Bahn und den Straßenkreuzungen rund um die Myongdong-Kathedrale Stellung bezogen haben. Die Demonstration der Staatsmacht gehört wie die Bespitzelung durch den Geheimdienst seit Jahren zu ihrem Alltag.

Längst sind es nicht mehr die Studenten und die Kirchengemeinden allein, die gegen Chun Doo Hwan aufbegehren. Politisch folgenreicher ist, dass die Mittelschicht dem Regime des Ex-Generals die Gefolgschaft aufkündigt. Sie ist der Willkür und der Korruption überdrüssig. Durch harte Arbeit zu bescheidenem Wohlstand gelangt, will sie sich nicht länger vom Militär vorschreiben lassen, wie es in Südkorea weitergehen soll. Mit dem wirtschaftlichen Fortschritt ist das Verlangen nach politischer Mitsprache gewachsen. Die Menschen wollen über ihr Schicksal selbst bestimmen.[118]

Chun Doo Hwan spürt, dass ihm die Bürger die Loyalität aufkündigen. Aber noch zögert er, die Zügel der Macht aus der Hand zu geben. Als die Proteste sich immer mehr ausweiten, denkt er für einen Moment daran, erneut das Kriegsrecht über das Land zu verhängen. Es sind vor allem die Amerikaner, die dem Präsidenten ins Gewissen reden, den Protest nicht militärisch niederzuschlagen. Botschafter James Lilley überbringt einen Brief von US-Präsident Ronald Reagan, der Chun «als Freund» schreibt. Die politische Stabilität, die auf demokratischen Institutionen beruhe, argumentiert Reagan, sei «entscheidend für die langfristige Sicherheit Ihres Landes». Lilley selbst warnt, als er den Brief überreicht, in klaren Worten vor dem Einsatz militärischer Gewalt. Zwei Stunden bleibt der Botschafter im Blauen Haus, «ungewöhnlich lange für die Ablieferung eines Briefes», kommentiert der *Korea Herald.* Wenige Tage später trifft Gaston Sigur in Seoul ein, der für Asien zuständige Abteilungsleiter im State Department. Er trifft auf einen tief deprimierten Präsidenten, dem klar ist, was die Stunde geschlagen hat. «Glauben Sie etwa, ich wisse nicht, was meine Leute über mich denken? Sie wollen mich hier nicht mehr. (…) Sagen Sie dem Präsidenten, er soll sich keine Sorgen um mich machen. Ich gehe hier weg. Ich werde nicht bleiben.»[119]

Dann die dramatische Wende. Roh Tae Woo, dessen Nominierung zum Präsidentschaftskandidaten die Proteste ausgelöst hat, wendet sich am 29. Juni 1987 im Fernsehen mit einer «Erklärung für große nationale Harmonie» an die Bevölkerung. Darin verkündet er nichts Geringeres als die Kapitulation der Regierung vor der Opposition. In einem Acht-Punkte-Katalog akzeptiert Roh alle wichtigen Forderungen seiner Gegner: direkte Präsidentschaftswahlen, ein neues Wahlgesetz, die Wiederherstellung der Bürgerrechte von Oppositionsführer Kim Dae Jung, die Abschaffung der Pressezensur, die Wahl von Stadträten, einen freien Wettbewerb zwischen den Parteien, den Kampf gegen die Korruption und die Wahrung der Menschenrechte.

Dem Einlenken Rohs waren weitere heftige Straßenkämpfe vorausgegangen. Die «Nationale Koalition für eine demokratische Verfassung» hatte für den 26. Juni zu einem «großen Friedensmarsch» aufgerufen. Erneut gingen Hunderttausende auf die Straße. Um sie zu stoppen, waren allein in Seoul 20 000 Bereitschaftspolizisten im Einsatz. Bus- und U-Bahnlinien wurden gesperrt, um Studenten daran zu hindern, in die Innenstadt zu fahren. Alle U-Bahnausgänge wurden bewacht, Zivilfahnder kontrollierten Ausweise, durchsuchten Einkaufstaschen. An jeder größeren Straßenkreuzung waren Hunderte von Polizisten aufmarschiert.

Doch die Menschen überwanden ihre Angst. Als um sechs Uhr abends die Rundfunkstationen die Nationalhymne spielten, waren sie plötzlich zu Tausenden auf den Bürgersteigen. Mit Papierfähnchen und Taschentüchern winkten sie den Autofahrern zu. Minutenlang hallte die Innenstadt vom Hupkonzert der Daewoo- und Hyundai-Limousinen wider. Noch war kein Stein geflogen, doch die Polizei feuerte ihre Tränengasgeschosse ohne Vorwarnung, sobald nur irgendwo zwei, drei Dutzend Passanten stehen blieben.

Aus dem Büro des «Rates für die Förderung der Demokratie», dem Hauptquartier von Oppositionspolitiker Kim Young Sam, heizte ein Lautsprecher die Stimmung auf der Straße an: «Kämpft!» Von unten hallte es zurück: «Kämpft! Kämpft!» Polizei stürmte heran. «Tokjae tado! Tokjae tado!» (Nieder mit der Diktatur!) skandierten die Demonstranten. Ihre Nasenlöcher hatten sie mit Wattepfropfen verstopft, die Augen schützten sie mit Plastikfolie vor dem Gas. Durch die Seitengassen rannten sie davon, tauchten wenige Augenblicke an der nächsten Kreuzung wieder auf: «Tokjae tado, tokjae tado!» Nach Einbruch der Dunkelheit kam es nur noch zu einzelnen Scharmützeln. Gegen zehn Uhr verstummte auch der Lautsprecher des «Rates für die Förderung der Demokratie». Draußen war die Straße mit zerborstenen Tränengasgeschossen übersät.

Die moralische Niederlage des Regimes war an diesem Abend offenkundig. Wieder waren es vor allem die Angestellten aus der Mittelschicht, die aus den Fenstern der Bürohäuser heraus und unten auf den Bürgersteigen applaudierten und winkten. Koreas «schweigende Millionen» hatten sich vom Regime abgewandt – und das Regime wusste es. «In dem Glauben, dass der Wunsch des Volkes sich auf den Kundgebungen am 26. Juni geäußert hat und dass die demokratische Entwicklung ohne Verzögerung erreicht werden muss, akzeptieren wir den Willen des Volkes demütig und ernsthaft», erklärte der Sprecher der Regierungspartei.

Am Tag, an dem Präsidentschaftskandidat Roh Tae Woo seinen Acht-Punkte-Plan vorlegte, traf ich Kim Young Sam, neben Kim Dae Jung der zweite Kopf der Opposition. «Ja, es ist ein großer Sieg», lächelte Kim erschöpft. Er legte seine dunkle Anzugjacke ab und ließ sich ein Glas Wasser bringen. Die Luft war stickig in seinem kleinen Parteibüro im zweiten Stock eines tristen Gebäudes gleich hinter dem Rathaus. Kim kämpfte gegen seine Müdigkeit an, doch seine Miene sagte: Es hat sich also gelohnt! Zwei Jahre und sieben Monate hatte ihn Präsident Chun Doo Hwan unter Hausarrest stellen lassen. Kim war schließlich in einen 23 Tage dauernden Hungerstreik getreten. «Seit jener Zeit war es mein Traum, noch zu meinen Lebzeiten die Demokratie in Korea wiederherzustellen.»[120]

Das Regime hatte den Weg zu direkten Präsidentschaftswahlen freigemacht. Jetzt musste eine Entscheidung fallen: Wer sollte im Dezember für die Opposition gegen den Kandidaten der Regierungspartei Roh Tae Woo antreten, Kim Young Sam oder Kim Dae Jung? Würden es die «beiden Kims» schaffen, ihre ewige Rivalität zu überwinden? Wenn ja, darin waren sich alle Beobachter einig, war der Opposition der Wahlsieg nicht zu nehmen. Wenn nein, dann war ihre Niederlage sicher.

Kim Young Sam hatte in den Wochen des Aufruhrs an Statur gewonnen. Kim Dae Jung dagegen, wieder einmal unter Hausarrest, saß zur Untätigkeit verdammt daheim. Es war Kim Young Sam, der sich als Gegenspieler zum Regime in Szene setzen konnte. Und er spielte diesen Part selbstbewusst. Ein Gespräch mit Roh Tae Woo lehnte er ab, bestand auf einem «Gipfeltreffen» mit Chun Doo Hwan. Der Präsident gewährte ihm schließlich eine Begegnung. Als die Wache vor dem Blauen Haus Kim das übliche Namensschild ans Revers heften wollte, weigerte der sich stolz: «Jeder in Korea kennt mich.»

Lange vor der Wahl war klar: Wer Aussicht auf den Sieg haben wollte, der musste die Mittelschicht gewinnen. Für die Angestellten und Geschäftsleute, die vom Wirtschaftsaufstieg Südkoreas am meisten profitiert hatten, war Kim Young Sam, Sohn eines wohlhabenden Fischereiunternehmers in Pusan, der Wunschkandidat. Er verhieß Kontinuität in der Wirtschaftspolitik auch nach einem Machtwechsel. Kim Dae Jung, der mit dem Ruf der Arbeiter nach höheren Löhnen und kürzeren Arbeitszeiten sympathisierte, war vielen zu radikal. Mit seinen Forderungen nach Umverteilung auf Kosten der Großkonzerne, nach starken freien Gewerkschaften und Bauernkooperativen war er bei den Studenten, in der Arbeiterschaft und bei politisch aktiven Kirchenmitgliedern der populärere Kandidat. Im Militär dagegen galt er als gefährlicher Linker, als verkappter Kommunist. Der Stabschef der Streitkräfte, General Park Hee Do, warnte in einem Hintergrundgespräch mit koreanischen Journalisten: Sollte sich Kim Dae Jung um die Präsidentschaft bewerben, könne «etwas Unerfreuliches» geschehen.

In dieser angespannten Atmosphäre gelobten die so unterschiedlichen Kandidaten, sie wollten die historische Chance, einen friedlichen Übergang von der Militärdiktatur zur Demokratie zu erreichen, nicht durch persönlichen Zwist verspielen. «Kim Dae Jung und ich haben einander versprochen, Seite an Seite zusammenzuarbeiten, um diesem Land die Demokratie zu bringen», sagte Kim Young Sam. «Wir werden unser Versprechen nicht brechen.»

Aber genau das taten sie schließlich doch. Allen Beteuerungen zum Trotz traten bei den Präsidentschaftswahlen am 16. Dezember 1987 beide an: Kim Dae Jung als Kandidat der «Partei für Frieden und Demokratie» und Kim Young Sam als Spitzenmann der «Partei für Wiedervereinigung und Demokratie». Es waren nicht persönlicher Ehrgeiz und die Verbohrtheit der engsten Anhänger allein, die sie ihr Versprechen brechen ließen. Auch wegen der für Südkorea so typischen regionalen Antagonismen und der beträchtlichen programmatischen Unterschiede vermochten es die beiden nicht, ihr Herz über die Hürde zu werfen und die Oppositionsbewegung zu einen.

So geschah, was alle vorausgesagt hatten: Roh Tae Woo, der Kandidat des Regimes, siegte mit nur 36,6 Prozent der Stimmen. Die «beiden Kims» erwiesen sich als schlechte Verlierer. «Die Wahl war von Anfang an gefälscht», tobte Kim Dae Jung. Von einem «Staatsstreich unter dem Deckmantel von Wahlen» sprach Kim Young Sam. Zwar hatte die Regierungspartei ihre finanzielle Übermacht im Wahlkampf hemmungslos eingesetzt und das Fernsehen zur Propaganda für ihren Kandidaten missbraucht. Aber im Wesentlichen lief die Abstimmung fair ab. Die Regierung hatte die Wahl nicht gestohlen, die Opposition hatte sie vielmehr durch ihre Zerrissenheit mutwillig verschenkt.

Ein Sieg der Demokratie war die Wahl dennoch. Dem besonnen agierenden Roh Tae Woo gelang es, das Land trotz der tiefen politischen Gräben zu befrieden. Zu Hilfe kam ihm dabei der Wandel in der Sowjetunion und in China. Die beiden kommunistischen Großmächte suchten eine Annäherung an Südkorea und gingen vorsichtig auf Distanz zu ihrem Verbündeten Nordkorea. Die Sicherheitslage auf der koreanischen Halbinsel begann sich zu entspannen. Unter Roh gingen die Olympischen Sommerspiele 1988 in Seoul friedlich über die Bühne. Diese Spiele waren für Südkorea viel mehr als nur ein sportlicher Wettstreit der Nationen. Ähnlich wie Japan 1964 wollte das Land seine Modernität, seine Wirtschaftskraft und Weltoffenheit demonstrieren. Seoul 1988, das war für die Südkoreaner das Sprungbrett in die Zukunft.

Roh Tae Woo kann sich zugutehalten, dass es ohne seinen Acht-Punkte-Plan vom 29. Juni 1987 das «Wunder von Seoul» wohl nicht gegeben hätte. Sein Befreiungsschlag trug dazu bei, dass ein neuerlicher Militärputsch abgewendet und der Weg zur Demokratie eingeschlagen wurde. Ein Jahr später erklärte mir Professor Han Sung Joo, Politikwissenschaftler an der Korea-Universität und späterer Außenminister, bei einem Frühstück in Seoul, die Demokratie sei zu «70 bis 80 Prozent» verwirklicht. «Ich denke, wir haben die Schwelle überschritten.»

Tatsächlich sind die Militärs seither in den Kasernen geblieben. Konservative und liberale Regierungen haben einander abgelöst. Den entscheidenden Test für eine Demokratie, die friedliche Übergabe der Macht von einer Regierung an die andere, hat Südkorea schon mehrfach bestanden.

4. Demokratisierung und Entspannung

Im Wohnzimmer Kim Dae Jungs hing ein Kalender. Darauf kreuzte Südkoreas prominentester Oppositionspolitiker mit einem roten Stift jeden Tag durch, an dem er unter Hausarrest stand. Bei einem Besuch betrachtete ich den Kalender: Kreuze vom 8. April bis zum 24. Juni 1987. Dann ein Tag in Freiheit. 26. Juni: Wieder ein dickes rotes Kreuz. Wie hielt er das nur aus? Wahrscheinlich, weil sich bei ihm Willensstärke und Unbeugsamkeit mit Sendungsbewusstsein paarten. Kim Dae Jung hatte eine politische Mission, die Demokratisierung seines Landes und die Aussöhnung mit Nordkorea. Diese Mission verfolgte er, stur und vollkommen unbeirrt.

Unter den Präsidenten Park Chung Hee und Chun Doo Hwan saß Kim fünf Jahre lang im Gefängnis, verbrachte mehr als drei Jahre im amerikanischen Exil und stand länger als insgesamt fünf Jahre unter Hausarrest. Niemanden fürchtete die Militärdiktatur mehr als diesen unerschrockenen und zugleich sehr machtbewussten Gegenspieler. Der charismatische Politiker gab denen eine Stimme, die in Südkorea für Demokratie und Menschenrechte stritten, die höhere Löhne forderten und die Verkrustungen des Kalten Krieges auf der koreanischen Halbinsel aufbrechen wollten. Das konservative Establishment hasste ihn dafür.

Der Sohn eines kleinen Bauern, 1925 in der Provinz Cholla geboren, wurde 1961 das erste Mal in die Nationalversammlung gewählt. Zehn Jahre später trat er bei den Präsidentschaftswahlen gegen Park Chung Hee an. Mit 46 Prozent der Stimmen verlor er gegen den Amtsinhaber nur knapp. Noch Jahrzehnte später war er überzeugt, allein massive Wahlfälschungen hätten seinen Sieg verhindert. Einschüchtern ließ er sich nicht, auch nicht, als im Jahr nach der Wahl auf freier Straße ein schwerer Armeelaster seinen Wagen rammte und Kim verletzte. Seither musste sich Kim beim Gehen auf einen Stock stützen.

Im Frühjahr 1980 – Südkorea steht nach der Ermordung von Präsident Park Chung Hee durch seinen eigenen Geheimdienstchef wieder unter Kriegsrecht – wird Kim Dae Jung verhaftet, wohl auch aus Furcht, er könne bei den nächsten Präsidentschaftswahlen gegen Chun Doo Hwan antreten. Kims Verhaftung löst Proteste in Kwangju aus, der Hauptstadt seiner Heimatprovinz Cholla. Die Unruhen weiten sich aus, im Mai lässt Präsident Chun die zum Volksaufstand angewachsenen Demonstrationen von Spezialeinheiten der Armee brutal niederschlagen. Angeklagt, die Proteste geschürt zu haben, wird Kim vor ein Kriegsgericht gestellt, schuldig gesprochen und am 17. September 1980 zum Tode verurteilt. Politiker aus aller Welt setzen sich für ihn ein, mit besonderem Nachdruck wieder die Amerikaner. Präsident Chun Doo Hwan, der bei der Regierung Carter einen miserablen Ruf genießt, pokert in zynischer Weise mit dem Leben Kims. Er möchte unbedingt als erster Staatschef vom neuen Präsidenten Ronald Reagan empfangen werden. Am 21. Januar 1981, einen Tag nach Reagans Inauguration, gibt das Weiße Haus Chuns bevorstehenden Besuch in Washington bekannt. Drei Tage später hebt Chun das Kriegsrecht auf und wandelt Kims Todesurteil in eine lebenslange Haftstrafe um.

Zwei Jahre lang sitzt Kim in Isolierhaft. Zweimal im Monat dürfen seine Frau und seine Söhne ihn besuchen und zehn Minuten durch eine Glasscheibe mit ihm sprechen. Im Dezember 1982 setzt die Regierung die Haftstrafe aus und erlaubt Kim die Ausreise in die Vereinigten Staaten. An der Harvard-Universität lernt er den philippinischen Oppositionsführer Benigno Aquino kennen, der zur selben Zeit im amerikanischen Exil Zuflucht gefunden hat. Dessen späteres Schicksal bleibt Kim erspart: Bei seiner Rückkehr auf die Philippinen im August 1983 wird Aquino auf dem Flughafen von Manila erschossen.

Aber weil jeder die Ermordung Aquinos vor Augen hat, richten sich die Blicke der Welt auf den Flughafen von Seoul, als Kim Dae Jung im Februar 1985 nach Südkorea zurückkehrt. Auch ich flog damals nach Seoul, um über Kims Heimkehr zu berichten. So habe ich die dramatischen Stunden erlebt.

Der 8. Februar ist ein milder, diesiger Wintertag, eine fahle Sonne bricht von Zeit zu Zeit durch die dichte Dunstglocke über der Hauptstadt. Auf den Bergen im Norden liegt noch Schnee. Seit den frühen Morgenstunden haben mehr als 17 000 Polizisten und Sicherheitsbeamte den Kimpo International Airport weiträumig abgeriegelt. Ausländer dürfen die Absperrungen passieren, für Koreaner gibt es kein Durchkommen zum Flughafen.

Zehntausende drängen sich an der Schnellstraße, die vom Airport in die Innenstadt führt. Als der erste Bus mit ausländischen Journalisten auf die Straße einbiegt, branden Jubelrufe auf: «Kim Dae Jung! Kim Dae Jung!» Die Menge durchbricht die dicht gestaffelten Reihen der Polizei, stürmt auf den Bus zu, schwenkt Fahnen und Bilder Kims. Die Menschen trommeln mit den

Fäusten an die Busfenster, versuchen sie von außen aufzureißen, springen auf die Stoßstangen. Immer wieder die Frage: «Ist Kim schon gelandet? Ist er in Sicherheit?» Nur mühsam kann sich der Bus seinen Weg durch die Demonstranten bahnen.

Kim Dae Jung wird derweil auf Nebenstraßen zu seinem Haus im westlichen Stadtteil Dongkyodong gefahren. Zwar hatten Südkoreas Machthaber dem Außenministerium in Washington eine «störungsfreie Einreise» Kims zugesagt. Aber als die aus Tokio kommende Northwest-Orient-Maschine gelandet war, stürmten sofort Polizisten in das Flugzeug, trennten Kim und seine Frau von ihren Begleitern. Die beiden amerikanischen Kongressabgeordneten Edward Feighan und Thomas Foglietta und der ehemalige US-Botschafter in El Salvador, Robert White, die zu Kims Schutz mit nach Seoul geflogen waren, wurden von der Polizei geschlagen, getreten und zu Boden geworfen.

Immerhin: Kim ist wieder daheim. Es ist ihm nicht ergangen wie Benigno Aquino. Wenig später drängen sich in seinem Wohnzimmer rund siebzig Journalisten, darunter ein gutes Dutzend Fernsehteams. Kim sieht erschöpft aus. Doch den ruppigen Empfang am Flughafen kommentiert er gelassener als seine amerikanischen Begleiter: «Mir ist eine solche Behandlung durch die koreanische Regierung ja nicht neu.»[121]

Nach seiner Rückkehr aus den USA ist ihm daheim jede politische Betätigung verboten. Aber dieser Bann, das ist jedermann klar, wird keinen Bestand haben. Als sich im Jahr 1987 der Widerstand gegen das Regiment der Militärs verschärft und viele auf einen politischen Wechsel bei den bevorstehenden Präsidentschaftswahlen setzen, ruhen die Hoffnungen der Opposition auf Kim Dae Jung. Umso schwerer macht ihm das Regime das Leben. Kim soll keinen Wahlkampf führen, er soll seine Anhänger nicht mobilisieren dürfen. Seit seiner Rückkehr aus den Vereinigten Staaten ist er insgesamt 54 Mal zu Hause festgesetzt worden. Aber auch wenn er wieder einmal unter Hausarrest steht, so kann man doch mit ihm telefonieren. Mindestens 600 Bereitschaftspolizisten, sagt mir Kim bei einem meiner Anrufe, riegelten ständig die Straßen zu seinem Haus ab, manchmal seien bis zu 1500 Polizisten im Einsatz. Seine Nachbarn litten unter den ständigen Kontrollen. «Der Hausarrest ist illegal. Und er ist für mich eine Schande. Lieber würde ich das Gefängnis wählen.»

An einem Sonntag im Juni 1987 begleite ich den gläubigen Katholiken in die Kirche. Zum ersten Mal seit zwei Monaten darf er wieder die Messe besuchen. Als Kim Dae Jung die Stufen der Seokyodong-Kirche in seinem Wohnviertel hinaufgeht, wird er mit Beifall empfangen. Nach seiner Predigt nestelt der Pfarrer das Mikrofon von der Kanzel und reicht es dem berühmten Gemeindemitglied. Kim Dae Jung spricht zögernd von seinen Gebeten und Meditationen während des Hausarrests. «Wir müssen den Weg Christi gehen», sagt er. «Unsere Situation ist sehr schwierig, aber als Christen müssen wir dem Kreuz folgen.» Viele Frauen lächeln unter ihren weißen Schleiern. Als Kim dem Pfarrer das Mikrofon zurück reicht, spendet die Gemeinde langen Applaus.

Aber auch dieser glaubensstarke und prinzipientreue Ausnahmepolitiker hat seine Schwächen; es sind die typischen Defizite, die zugleich oft die Stärken einer Führungsfigur ausmachen: grenzenloser Ehrgeiz und unbedingter Wille zur Macht, dazu eine Unfähigkeit zum Kompromiss. Kim ist ohne Zweifel der charismatischste Politiker des Landes. Aber er polarisiert auch wie kein anderer. An den Universitäten, in den Kirchen, bei den Gewerkschaften wird er verehrt; beim Militär und bei Teilen der Wirtschaft dagegen ist er regelrecht verhasst, dort gilt er als verkappter Kommunist, wenn nicht gleich als Agent des Nordens, zumindest als «gefährlicher Linker mit einem Messiaskomplex» (*Newsweek*).

Seine Forderungen nach Umverteilung auf Kosten der Großunternehmen, nach starken freien Gewerkschaften und Bauernkooperativen machen Kim Dae Jung zum Kandidaten der Linken. Aber wie kommt er in der Mittelschicht an? Für die

Angestellten und die Geschäftsleute, die vom wirtschaftlichen Aufstieg Südkoreas am meisten profitiert haben, ist Kim Young Sam, der zweite der «beiden Kims», der Wunschkandidat. Um eine Mehrheit zu gewinnen, müssten die beiden eine Allianz eingehen. So werden sie es auch ihren Anhängern versprechen. Als sie ihre Zusage dann brechen, als sie getrennt marschieren und, wie vorhergesagt, gemeinsam verlieren, scheint ihre Zeit vorbei zu sein. Und doch erhalten die «beiden Kims» noch einmal ihre Chance. Kim Young Sam wird 1993 Präsident Südkoreas, Kim Dae Jung fünf Jahre später, 1998.

Die Demokratie in Südkorea muss er nun nicht mehr erkämpfen. Das Militär hält sich an die Spielregeln. Erstaunlich rasch ist der friedliche Wechsel zwischen konservativen und liberalen Regierungen zur neuen politischen Normalität geworden. Südkorea wird zum Paradebeispiel dafür, dass die Demokratie nicht nur ein aus dem Westen importiertes Konzept ist, dass ihre Prinzipien vielmehr universelle Gültigkeit beanspruchen. Mit Verve hatte sich Kim Dae Jung an der Debatte um die «asiatischen Werte» beteiligt. Zornig verwarf er die These des singapurischen Staatsgründers Lee Kuan Yew, wirtschaftliche Entwicklung könne es auch ohne Demokratie geben, die asiatische Tradition vertrage sich nicht mit westlichem Denken, denn in Asien stehe nicht das Individuum im Mittelpunkt, sondern die Gemeinschaft, Pflichten seien hier wichtiger als Rechte. Im Disput mit dem «autoritären Führer» Lee, wie Kim ihn nannte, erhob Kim Dae Jung den Anspruch, Stimme des demokratischen Asiens zu sein. An Selbstbewusstsein mangelte es ihm so wenig wie Lee. «Ich möchte, dass Kim Dae Jung ein erfolgreiches Modell für Asien wird; es soll beweisen, dass Demokratie und Wirtschaft gut zusammengehen», sagte er nach seiner Wahl zum Präsidenten. «Das ist mein Ehrgeiz.»

Kaum war Kim im Amt, da erschütterte die asiatische Finanzkrise das Wirtschaftswunderland Südkorea. Der neue Präsident akzeptierte das vom Internationalen Währungsfonds geforderte schmerzhafte Sparprogramm. Schneller als in den Nachbarländern sprang die Wirtschaft wieder an. Für Kim hieß die Lehre aus der Krise, dass Korruption und Vetternwirtschaft, Asiens Grundübel, entschlossener bekämpft werden müssten: «Hätten wir den Pfad der Demokratie früher beschritten, dann hätten wir die gegenwärtigen Probleme vermeiden können.»

Als Präsident wandte sich Kim seinem zweiten großen politischen Lebensthema zu, der Aussöhnung mit dem Norden. Seit Jahrzehnten war er überzeugt, dass nur eine Politik der Entspannung den Kalten Krieg auf der Halbinsel überwinden und eines Tage die Wiedervereinigung der geteilten Nation möglich machen würde. Aber wer gegenüber dem Norden einen Weg der Entspannung befürwortete, der machte sich verdächtig in einem Land, in dem der Antikommunismus Staatsideologie war und strikte Sicherheitsgesetze jeden Kontakt zum Norden verboten. Auch Kim Dae Jung musste sich des Verdachts erwehren, heimlich mit den Kommunisten in Pjöngjang zu sympathisieren.

So wie in Deutschland Willy Brandt und Egon Bahr mit ihrer Ostpolitik auf einen «Wandel durch Annäherung» gesetzt hatten, so wollte auch Kim Dae Jung mit seiner «Sonnenscheinpolitik» das Eis zwischen Nord und Süd zum Schmelzen bringen. Ihm schwebten – als Etappen auf dem langen und mühsamen Weg zur Einheit – Strukturen der Zusammenarbeit, der Vertrauensbildung und der friedlichen Koexistenz vor, in denen sich Menschen und Güter über die Grenze am 38. Breitengrad hinweg frei bewegen konnten.

Einer seiner Mitstreiter wurde der schwerreiche Gründer des Hyundai-Konzerns, Chung Ju Yung. 1915 im nördlichen Teil Koreas geboren, wollte Chung schon lange etwas tun für seine vom Hunger geplagten Landsleute. Er war Südkoreas erster führender Industrieller, der vom Regime in Pjöngjang ehrenvoll empfangen wurde. Im Juni 1998, Kim war gerade Präsident geworden, startete der Hyundai-Chef seine «Rindvieh-Diplomatie». In großen Firmenlastwagen ließ er 500 Kühe von seiner

Rinderfarm über die Grenze in den Norden bringen, weitere
501 Kühe folgten im Oktober 1998. Auch zwanzig Hyundai-
Automobile gehörten zum Geschenk an den Norden, darunter
mehrere Luxus-Limousinen für den «Geliebten Führer».[122]
Chung Ju Yung verstand es, humanitäre Hilfe, politisches Kalkül und Geschäftssinn aufs Schönste miteinander zu verbinden.
Natürlich suchte er auch seinen eigenen Vorteil. Das beeinträch-
tigte die Zusammenarbeit mit dem Präsidenten nicht.

Kim Dae Jungs «Sonnenscheinpolitik» sei ein «Paradigmen-
wechsel» gewesen, so bilanziert Kims Berater und langjähriger
Weggefährte Moon Chung-in den Entspannungskurs. Sie sollte
«den Weg frei machen zur friedlichen Koexistenz und nationalen Einheit, indem sie die Strukturen des Kalten Krieges auf-
brach, die das geopolitische Schicksal der koreanischen Halbinsel seit dem Ende des Zweiten Weltkrieges bestimmt hatten».[123]

Von den Konservativen als «Appeasement» attackiert, als eine
vom Norden nicht erwiderte «einseitige Liebe», brachte die
Sonnenscheinpolitik immerhin die Regierenden in Seoul und
Pjöngjang über einen längeren Zeitraum miteinander ins Gespräch. Die Zahl der Begegnungen zwischen Süd- und Nordkoreanern nahm zu, südkoreanische Firmen begannen im Norden
zu investieren, Touristen konnten, wenn auch streng bewacht, in
das verschlossene Reich der Kims reisen. Vor allem setzten sich
die Führer der beiden Staaten, die sich bisher nur aus der Ferne
beschimpft hatten, erstmals gemeinsam an einen Tisch. Vom 13.
bis 15. Juni 2000 trafen sich Kim Dae Jung und Kim Jong Il zum
ersten innerkoreanischen Gipfel in Pjöngjang.

Millionen Südkoreaner verfolgten am Bildschirm, wie ihr Präsident am Flughafen mit militärischen Ehren empfangen wurde,
wie ihm bei der gemeinsamen Fahrt mit dem «Geliebten Führer» durch die Straßen Pjöngjangs Hunderttausende zujubelten.
Begleitet nur von wenigen Beratern sprachen die beiden Staatschefs drei Tage lang über südkoreanische Wirtschaftshilfe für
den Norden, über Familienzusammenführungen, über kultu-

rellen und sportlichen Austausch. Aber auch Treffen zwischen den Militärs wurden vereinbart. Am Ende stand eine gemeinsame Erklärung, in der sich Nord und Süd entschlossen zeigten, die Wiedervereinigung der Nation zu erreichen «durch die gemeinsamen Anstrengungen des koreanischen Volkes, die die Herren ihres Landes sind».

Es war ein bewegender Augenblick in der Geschichte des geteilten Koreas, vergleichbar mit dem hochemotionalen Besuch Bundeskanzler Brandts und den «Willy, Willy»-Rufen 1970 in Erfurt. «Ein neues Zeitalter zieht für unsere Nation herauf», sagte ein ergriffener Kim Dae Jung bei seiner Rückkehr nach Seoul. «Wir haben einen Wendepunkt erreicht, wir können die Geschichte der territorialen Teilung an ein Ende bringen.» Der rhetorische Überschwang war dem erhebenden Moment geschuldet. Bald setzte Ernüchterung ein. Die Grenze wurde nicht durchlässiger, die wirtschaftliche Zusammenarbeit blieb unbedeutend. Beide Seiten erwiesen sich als viel unbeweglicher, als die anrührenden Bilder aus Pjöngjang hatten hoffen lassen.

Moon Chung-in, der als Berater Kims am Gipfel teilnahm, sieht die Hauptverantwortung für das Scheitern der «Sonnenscheinpolitik» allerdings in Washington. Die feindselige Politik George W. Bushs, der Nordkorea gemeinsam mit dem Irak und Iran auf die «Achse des Bösen» setzte, habe Pjöngjang zurück in die Gräben des Kalten Krieges getrieben. In der «Bush-Doktrin» hätten sich «moralischer Absolutismus, hegemonialer Unilateralismus und offensiver Realismus» vereint. «Für die Anhänger dieser Doktrin konnte das nordkoreanische Nuklearproblem nicht ohne den Sturz des Regimes gelöst werden.» Die Politik Washingtons und Nordkoreas verzweifelter Überlebenskampf hätten die nukleare Konfrontation auf der Halbinsel «dramatisch kompliziert» und die Sonnenscheinpolitik «zur Geisel genommen».[124]

Doch die Amerikaner trugen nicht die Hauptschuld daran, dass der Versuch einer Aussöhnung zwischen Süd und Nord

Episode blieb. Wie sich wenig später zeigte, hatten die Nordkoreaner in all der Zeit, in der sich der Süden um Entspannung bemühte, ihr Atomprogramm weiter vorangetrieben. Sie setzten nicht nur die Wiederaufbereitung von Plutonium fort, sie bauten heimlich auch eine Urananreicherungsanlage. Kim Jong Il strebte parallel auf zwei Wegen nach der Bombe. Wie sollte da Vertrauen wachsen können?

Es half auch nicht, als bekannt wurde, dass im Vorfeld des Gipfels beträchtliche Zahlungen Richtung Norden geflossen waren. Der Gipfel sei «gekauft» worden, schäumte die Opposition in Seoul. Der Verdacht konnte nie ausgeräumt werden: Etwa 500 Millionen US-Dollar sollen von Seoul nach Pjöngjang transferiert worden sein, um die Zusage Kim Jong Ils zum Gipfel zu erreichen.[125]

Kims Ansehen begann zu sinken. Das schmälerte nicht den Stolz der Südkoreaner, als ihrem Präsidenten im Dezember 2000 der Friedensnobelpreis verliehen wurde. Kim Dae Jung erhielt ihn für sein Versöhnungswerk und für «Demokratie und Menschenrechte in Südkorea und in Ostasien im Allgemeinen». Er war damit endgültig in der Liga von Willy Brandt und Nelson Mandela angekommen. Für ihn persönlich war es die höchste, heiß ersehnte Auszeichnung; für die Koreaner auf beiden Seiten des 38. Breitengrads war es eine Ermutigung.

Die Politik braucht solche Zeichen der Anerkennung, sie bewegen die Menschen. Ohne deren Zustimmung können demokratische Regierungen nicht arbeiten. So wie die großartigen Bilder von der Eröffnungsfeier der Olympischen Sommerspiele in Sydney im September 2000 die Anstrengungen der Entspannungspolitik zu rechtfertigen schienen. Sportler aus Nord und Süd zogen gemeinsam unter einer Fahne mit den Grenzen der koreanischen Halbinsel ein, vom Beifall im Stadion umrauscht und von Tränen in der Heimat begleitet. Welch ein Kontrast zu den Spielen in Seoul zwölf Jahre zuvor, die ein missgünstiger und beleidigter Norden boykottierte.

Frieden hat der Nobelpreisträger seinem Land nicht gebracht. Im Alter wurde Kim Dae Jung herrisch und selbstgerecht. Die in Südkorea endemische Korruption machte auch vor seiner Familie nicht halt, zwei seiner drei Söhne wanderten ins Gefängnis. Aber wenn Südkorea heute eine stabile und vitale Demokratie ist, dann ist dies auch sein Werk.

5. Die Teilung überwinden

Als in Berlin die Mauer gefallen war, als zwischen der Bundesrepublik und der DDR die Stacheldrahtzäune niedergerissen und die Minenfelder geräumt worden waren, als schließlich die Deutschen am 3. Oktober 1990 ihre Wiedervereinigung feierten, da begann ein reger Reiseverkehr aus Seoul in Richtung Europa. Dutzende von Delegationen machten sich auf den Weg – Parlamentarier, Regierungsbeamte, Ökonomen, Juristen – mit vielen Fragen im Gepäck: Wie hatten die Deutschen das geschafft, und wie würden sie den Prozess des Zusammenwachsens nun organisieren? Wie würden Ost und West zueinander finden, was funktionierte sofort gut und wo haperte es? Und was würde das alles kosten? «Das deutsche Beispiel ist in Korea wahrscheinlich gründlicher studiert worden als in Deutschland selbst», hat mir einmal Seouls ehemaliger Botschafter in Washington, Kim Kyung Won, lachend gesagt.

Doch die Kundschafter aus Seoul kehrten meist ernüchtert zurück. Was die Deutschen sich da aufgebürdet hatten, lautete ihr Urteil, das könne für die Koreaner kein Vorbild sein. Viel zu teuer! Auch seien die Unterschiede zwischen Korea und Deutschland größer als die Ähnlichkeiten. Die Teilung viel tiefer, die Entfremdung viel größer. Wir sind ungefähr da, wo ihr vor zwanzig Jahren wart, hörte der Besucher Anfang der neunziger Jahre in Seoul. Und doch machten sich in vielen Amtsstuben und Denkfabriken die Experten an die Arbeit, ganze

Forschungsinstitute wurden gegründet. Zu Jahresbeginn 1992 lag ein dicker Bericht mit den Empfehlungen aller Ministerien auf dem Tisch des Staatspräsidenten: vom Wohnungsbau bis zur Angleichung der Rechtssysteme – es war an alles gedacht. «Wir sind auf sämtliche Szenarien eingestellt», beteuerte ein Spitzenbeamter. Aber die koreanische Wiedervereinigung kam nicht. Sie lässt weiter auf sich warten. Bis heute.

Am Beginn der Teilung stand eine Ungerechtigkeit von historischem Ausmaß. Die Siegermächte des Zweiten Weltkrieges hatten sich schlicht keine Gedanken gemacht, was nach Kriegsende aus dem bis dahin unter japanischer Kolonialherrschaft stehenden Korea werden sollte. Eigentlich hätte es nur eine Antwort geben können: die Unabhängigkeit eines 5000 Jahre alten Kulturraums mit eigener Sprache, eines ehemals stolzen Königreichs, das bis zur japanischen Besatzung 1300 Jahre lang ein einheitlicher, zentral regierter Staat gewesen war. Doch der amerikanische Präsident Franklin D. Roosevelt war der Ansicht, die Unabhängigkeit komme für Korea zu früh. Auf der Konferenz von Kairo 1943, auf der er mit Winston Churchill und Tschiang Kai-shek über die Nachkriegsordnung in Asien beriet, schlug Roosevelt eine Treuhandverwaltung Koreas durch die Großmächte vor. Konkrete Vorbereitungen aber wurden nicht getroffen.

Erst am Abend des 10. August 1945, unmittelbar vor der Kapitulation Japans, wurde in Washington ein Treffen einberufen, um über das künftige Schicksal Koreas zu beraten. Gegen Mitternacht wurden zwei junge Offiziere (einer war der spätere Außenminister Dean Rusk; der andere, Charles Bonesteel, wurde in den sechziger Jahren Befehlshaber der US-Streitkräfte in Südkorea) in ein Nebenzimmer geschickt, um eine geeignete Grenze für die amerikanische Besatzungszone festzulegen. Über eine Karte von *National Geographic* gebeugt, entschieden sich die beiden für eine Linie entlang des 38. Breitengrads, der Korea etwa in die Mitte teilt und nördlich von Seoul verläuft. So wurde es beschlossen und nach Moskau übermittelt. Stalins Regierung akzeptierte den Vorschlag. Die sowjetischen Truppen, die vor den Amerikanern koreanisches Territorium erreicht hatten, stoppten ihren Vormarsch vereinbarungsgemäß nördlich des 38. Breitengrads. Für viele Koreaner war dies der «zweite amerikanische Verrat» – nach der geheimen Übereinkunft, die der damalige US-Außenminister William Howard Taft 1905 mit Japan getroffen hatte, in der die Vereinigten Staaten die japanische Besatzung Koreas akzeptierten gegen die Zusage Tokios, Amerikas Herrschaft auf den Philippinen nicht in Frage zu stellen.[126]

Kein Koreaner war an den Beschlüssen über die Teilung des Landes beteiligt. Ohne jede Schuld wurden Nord und Süd auseinandergerissen. Anders als Deutschland hatte Korea kein Nachbarland angegriffen, schon gar nicht hatte es sich eines Völkermordes schuldig gemacht. Es war einfach, wie Oberdorfer/Carlin schreiben, «ein Land von der falschen Größe am falschen Platz».[127]

Korea, die kulturelle Brücke von China nach Japan, war wegen seiner strategisch bedeutsamen Lage im Laufe der Jahrhunderte immer wieder Spielball der mächtigeren Nachbarstaaten im Ringen um die regionale Vorherrschaft gewesen. Es wurde von Chinesen, Mongolen und Japanern besetzt. Der koreanische König war dem Kaiser von China tributpflichtig. Noch heute steht im Zentrum von Seoul ein riesiges Denkmal des Admirals Yi Sun Sin, der im 16. Jahrhundert mit seinen eisenbewehrten «Schildkrötenschiffen» den japanischen Angreifer Toyotomi Hideoshi zurückschlug.

Selten nur waren die Koreaner Herren im eigenen Lande. Aus den leidvollen Erfahrungen von Invasion und Fremdherrschaft erwuchs ein brennender Nationalismus, der im Norden gewissermaßen Staatsdoktrin ist, der aber auch im Süden virulent ist und sich gerade gegen die Alliierten Japan und Amerika richtet. Die starke militärische Präsenz der USA ist aus Sicht vieler Südkoreaner weniger Schutz als vielmehr eine Gefährdung der eigenen Sicherheit. Dass im Kriegsfall der Oberbefehl über die südkoreanischen Streitkräfte an das US-Militär übergehen würde, empfinden nicht wenige als Beschränkung der eigenen Souveränität. Das Verhältnis zu Japan wird bis heute durch die koloniale Vergangenheit belastet. Zwischen den beiden Nationen steht besonders schmerzvoll das Schicksal Abertausender Koreanerinnen, die im Zweiten Weltkrieg der japanischen Armee als Sexsklavinnen, sogenannte «Trostfrauen», zu Dienst sein mussten.

Der Wunsch der Koreaner, über das eigene Schicksal selbst zu bestimmen, ist deshalb groß. Und das gilt zuvörderst für die Sehnsucht, eines Tages wieder in einem geeinten Land zu leben. Die Einheit der Nation ist denn auch offiziell oberstes Ziel der Politik, in Nord wie in Süd. Dennoch sieht es siebzig Jahre nach der Teilung des Landes nicht so aus, als könnte aus der Hoffnung bald Wirklichkeit werden.

Dem stehen sowohl die innerkoreanischen Antagonismen entgegen als auch die Interessen der Nachbarstaaten. China und Japan können mit einem geteilten Korea gut leben. China, weil es befürchten muss, dass ein geeintes Land unter südkoreanischer Führung stehen würde und vermutlich eng mit den Vereinigten Staaten verbunden wäre. Japan, weil ein Korea, das die Kräfte seiner 75 Millionen Menschen gemeinsam mobilisiert, ein noch aggressiverer wirtschaftlicher Rivale werden könnte. Die dritte Regionalmacht, Russland, würde sich einer Einheit wohl nicht entgegenstellen, hat bisher aber auch keine konkreten Schritte unternommen, um sie zu befördern. Aktive Unterstützung käme wohl, wie im Falle Deutschlands, allein von den Amerikanern – vorausgesetzt, ein geeintes Korea würde zur Allianz mit den USA stehen.

Aber wie könnte die Einheit aussehen, wie ließe sie sich verwirklichen? Der erste Versuch, die Wiedervereinigung mit Gewalt herbeizuführen, war der Überfall des Nordens im Juni 1950. Tief sitzt das Trauma des Koreakrieges mit seinen Millionen Opfern. Die seither vergangene Zeit hat das Misstrauen zwischen Nord und Süd nicht ausräumen können. Entsprechend skeptisch wurde jeder Vorschlag beäugt, den die Regierungen in Seoul und Pjöngjang zur Überwindung der Teilung vorgelegt haben.

Der Norden propagierte seit den frühen achtziger Jahren ein föderales Modell, die «Demokratische Konföderierte Republik Koryo». Der Süden antwortete mit dem Modell eines koreanischen Commonwealth. Der Vorschlag aus Pjöngjang lässt sich zusammenfassen als «eine Nation, ein Staat, zwei Regierungen und zwei Systeme», der aus Seoul als «eine Nation, zwei sich im Übergang befindliche Staaten, zwei Regierungen und zwei Systeme». Der Süden wollte also vorsichtiger zu Werke gehen: Erst müsse die Annäherung von Gesellschaft und Wirtschaft voranschreiten; zu groß seien die ideologischen und institutionellen Gegensätze, als dass man sofort den Sprung in ein funktionierendes Staatswesen mit einheitlicher politischer Gewalt und Verwaltung wagen könne.[128]

Ausgangspunkt aller weiteren Überlegungen wurde die «Vereinbarung über Versöhnung, Nichtangriff, Austausch und Zusammenarbeit», die beide Regierungen am 13. Dezember 1991 unterzeichneten. Manche Koreaner sehen darin das Äquivalent des deutsch-deutschen Grundlagenvertrages von 1972. Ähnlich wie dieser sollte die Übereinkunft den Beginn eines geregelten Nebeneinanders und einer allmählichen Annäherung der beiden verfeindeten Staaten bilden. Beide Seiten verpflichten sich in dem Abkommen, sich nicht in die Angelegenheiten des anderen einzumischen, Differenzen friedlich beizulegen, wirtschaftlich zusammenzuarbeiten, Informationen und Besucher auszutauschen.

Wären diese Versprechen eingelöst worden, der erste große Schritt zur Überwindung der Teilung wäre getan gewesen. Denn erstmals erkannten beide Regierungen die Realität zweier unterschiedlicher Systeme auf der koreanischen Halbinsel an und akzeptierten einander als Verhandlungspartner. Sie handelten nach der Maxime: Nur wer die Wirklichkeit anerkennt, kann sie auch verändern. Das war in Deutschland nicht anders, wo es lange dauerte, bis die DDR für die Bundesrepublik nicht mehr ein «Phänomen» war, sondern ein Staat, mit dem man von gleich zu gleich sprach.

Aber wenn die deutsche Vereinigung schon im Süden wegen der hohen Kosten kein Vorbild war – auf den Norden wirkte sie regelrecht alarmierend. War die DDR doch einfach untergegangen mitsamt ihrer Volksarmee, der Staatssicherheit und der marxistischen Ideologie. Den sozialistischen deutschen Staat gab es nicht mehr, und die ehemalige Staatsführung stand vor Gericht. Keine schöne Aussicht für die Familie Kim und die sie tragende Funktionärsschicht. Und doch eine Übung in Realismus. Denn auch in Pjöngjang dürfte sich kaum jemand die Wiedervereinigung anders vorstellen können als nach südkoreanischem Muster; zu groß ist die wirtschaftliche und soziale Überlegenheit des Südens, als dass sich vom System des Nordens viel in ein künftiges vereintes Korea hinüberretten ließe.

Folgerichtig gehen alle Vereinigungsszenarien, die im Umlauf sind, von einer Dominanz des Südens aus. Moon Chung-in, Professor an der Yonsei-Universität in Seoul, diskutiert in seinem Buch über die «Sonnenscheinpolitik» vier Szenarien. *Erstens, die «Vereinigung durch Absorption»*. Das wäre die deutsche Lösung, die schnelle und komplette Vereinigung durch Anschluss des Nordens an den Süden. Südkoreas Verfassung würde im ganzen Land gelten. Von diesem Szenario, schreibt Moon, sei die konservative Regierung Lee Myung Bak (2008–2013) ausgegangen, wie nicht zuletzt der seinerzeit entwickelte amerikanisch-südkoreanische militärische Krisenplan (Conplan 5029) für den Fall eines Kollapses im Norden zeige.

Zweitens, die «Vereinigung durch Gewalt». Als Befreiung des Südens von imperialistischer Besatzung hat der Norden diese Variante im Koreakrieg ausprobiert, mit entsetzlichen Fol-

gen. Seither ist eine Vereinigung durch Gewalt eigentlich undenkbar geworden. Aber, argumentiert Moon, sie könnte Folge
eines Krieges sein, den der Norden mit seinen endlosen Provokationen heraufbeschwören könnte. Sollten die USA auf die
Atom- und Raketenrüstung Nordkoreas militärisch antworten, dann würde nach einem zu erwartenden verheerenden Gegenschlag auf Seoul am Ende eines Krieges die Niederlage des
Nordens und eine Vereinigung nach südkoreanischem Muster
stehen.

*Drittens, die «verzögerte Vereinigung nach Intervention einer
dritten Partei».* Die Lage in Nordkorea könnte sich krisenhaft
zuspitzen, Unruhen könnten zum Sturz des Kim-Regimes führen, die Führungsschicht könnte sich in Machtkämpfen aufrei-
ben, Anarchie sich im Land ausbreiten. Die Vereinten Nationen
könnten beschließen, Friedenstruppen zu entsenden. Nordkorea würde unter Treuhandherrschaft gestellt. Nachdem Ruhe
und Ordnung wiederhergestellt worden wären, könnte sich das
Land allmählich öffnen und wirtschaftlich reformieren. Die
Treuhandtruppen könnten abziehen und der Norden sich am
Ende eines längeren Verhandlungsprozesses mit dem Süden ver-
einen.

Viertens, die «Vereinigung durch Konsensus». Dies wäre natürlich der vernünftigste Weg, der offiziell auch von beiden Regierungen unterstützt wird. Nur hat sich gezeigt, dass die Vorstellungen von Nord und Süd bisher inkompatibel waren. Das
Scheitern der Sonnenscheinpolitik hat deutlich gemacht, wie
groß die Widerstände auf beiden Seiten sind gegen einen Kurs,
der auf Annäherung durch Aussöhnung setzt. Aber selbst wenn
dieser Prozess zeitraubend sei und wenn dabei gewaltige Widerstände zu überwinden seien, so sei er doch, argumentiert Moon,
unter den gegebenen Umständen «der pragmatischste Weg zur
koreanischen Vereinigung».[129]

Soweit die Szenarien, auf deren Grundlage sich planen ließe.
Aber das Beispiel Deutschland hat gezeigt, dass eine Wieder-

vereinigung keinem Plan folgt. Auch in Korea werden sich die Dinge unerwartet entwickeln und voraussichtlich plötzlich zuspitzen. Die Nordkoreaner werden sich, wenn sich die Gelegenheit eines Anschlusses an den Süden bietet, nicht auf eine ungewisse Zukunft vertrösten lassen. Sie werden die Einheit sofort wollen. Oder sie durch Massenflucht erzwingen. Wollen Südkoreaner und Amerikaner sie an der Demilitarisierten Zone mit Maschinengewehren daran hindern?

Wenn die Einheit also kommt, geordnet oder ungeordnet, worauf muss der Süden dann vorbereitet sein? Andrei Lankov, gebürtiger Russe, der einst an der Kim-Il-Sung-Universität in Pjöngjang studiert hat und heute an der Kookmin-Universität in Seoul lehrt, sagt den Koreanern eine überaus schmerzhafte Übergangszeit voraus. Das gelte besonders für die Nordkoreaner. Es werde Jahrzehnte brauchen, um die chaotische Hinterlassenschaft der Familie Kim wegzuräumen. Nachwirkungen der Diktatur würden noch «in Generationen» zu spüren sein.[130]

Ärzte und Ingenieure würden feststellen, dass sie mit ihren Qualifikationen in einem wiedervereinigten Korea beruflich nicht mithalten können. Rund 1,2 Millionen Soldaten aus dem durch und durch militarisierten Nordkorea würden in die neue Gesellschaft integriert werden müssen. Und es müsse eine Zukunft gefunden werden für das Heer der vielen Hunderttausend Spitzel; nach Lankovs Schätzung berichtet in Nordkorea einer von vierzig bis fünfzig Erwachsenen der Staatsicherheit und der Polizei von jeder kritischen Meinungsäußerung und jedem verdächtigen Verhalten eines Nachbarn oder Arbeitskollegen. Die Menschen würden Gerechtigkeit verlangen für die Taten der Geheimpolizisten und der Lageraufseher. Und natürlich würden sie nach Bestrafung der Spitzenfunktionäre und der Profiteure der Kim-Diktatur rufen. «Lasst uns ehrlich sein», schreibt Lankov, «wahre Gerechtigkeit wird nicht möglich sein, wenn die Zeit kommt, um mit den früheren Handlangern der Kim-Diktatur fertig zu werden.»[131] Er plädiert für Milde. Die Hinter-

lassenschaft der Gewaltherrschaft sollte durch eine Wahrheits-
kommission nach dem Vorbild Südafrikas aufgearbeitet werden.
Und die Kim-Familie selbst? Man solle sie ins Exil entlassen,
etwa nach Macao, wo sie unter der Kontrolle und dem Schutz
Chinas stehen könnten.

Aber selbst wenn es keine irdische Gerechtigkeit für die Un-
taten der Kim-Dynastie gibt, die Millionen Nordkoreanern das
Leben gestohlen hat: Ein geeintes Korea wird die Elite Pjöngjangs zur Verantwortung ziehen müssen. Wie soll es sonst mit
sich und seiner Vergangenheit ins Reine kommen? Dass dieser
Prozess rechtsstaatlich ablaufen sollte, ist selbstverständlich.
Schon heute werden in Seoul die Verbrechen der Diktatur dokumentiert, zum Beispiel im Database Center for North Korean
Human Rights.[132]

Klar ist: Je mehr die Führung in Pjöngjang fürchten muss, für
ihre Taten zur Rechenschaft gezogen zu werden, umso verzweifelter wird sie um ihr politisches Überleben kämpfen. Man kann
Nordkoreas gesamtes Atomprogramm als den Versuch verstehen, diesen Gerichtstag hinauszuzögern. Paradoxerweise aber
beschleunigt das Kim-Regime mit jeder weiteren Provokation
den eigenen Niedergang.

Die Einheit wird nicht leicht, und sie wird auch nicht an-
genehm sein. Vielleicht verdrängen sie deshalb so viele Südkoreaner. Vor allem die Jüngeren haben ganz andere Sorgen, sie
wollen beruflich vorankommen, sorgen sich um einen guten
Studienplatz oder um eine bezahlbare Wohnung. Für sie kann
die Einheit gern warten. Und auch den Flüchtlingen aus dem
Norden machen es die Südkoreaner nicht leicht, im robusten
kapitalistischen Arbeitsklima Fuß zu fassen. Sie fürchten die
Konkurrenz billiger Arbeitskräfte aus dem Norden.

Weil er sich im Süden wie ein Bürger zweiter Klasse behandelt
fühlt, möchte inzwischen mancher Flüchtling sogar in den Norden zurückkehren. So wie der 44 Jahre alte Kwon Chol Nam,
der 2014 über China, Laos und Thailand nach Südkorea floh.

Das Leben im kapitalistischen Süden hat ihn desillusioniert. Außerdem sehnt er sich nach seiner Frau und seinem 16jährigen Sohn, die er im Norden zurückgelassen hat. Nur gestattet ihm der südkoreanische Staat nicht die Heimkehr. Jeder Flüchtling aus Nordkorea erhält bei seiner Ankunft die südkoreanische Staatsbürgerschaft. Südkoreanern aber ist es verboten, ohne Regierungserlaubnis in den Norden zu reisen. Wer dies dennoch tut, kann bis zu sieben Jahren ins Gefängnis wandern. Schon hat Nordkoreas Propaganda Kwons Fall aufgegriffen: Wie so viele Flüchtlinge, die unter falschen Versprechungen in den Süden gelockt worden seien, wolle er der «Hölle auf Erden» entrinnen und ins sozialistische Vaterland heimkehren.[133]

Eine «Hölle auf Erden» ist Südkorea für die Flüchtlinge gewiss nicht. Aber besonders freundlich gehen die Einwohner mit den Landsleuten aus dem Norden nicht um. Nach einer Studie des Koreanischen Instituts für Wiedervereinigung in Seoul aus dem Jahr 2016 fühlen sich 63 Prozent der Flüchtlinge diskriminiert. Der Staat im Norden hat, wie dürftig auch immer, für Wohnung, Arbeitsplatz, Krankenversorgung und Lebensmittel gesorgt. Im Süden müssen sie sich allein durchschlagen. Das schaffen manche nicht. Sie brauchen Hilfe, und an der mangelt es oft.

Hier könnte die südkoreanische Gesellschaft großherziger sein. Wobei zu bedenken ist, dass sie noch nicht das Wohlstandsniveau der Bundesrepublik zu Beginn der neunziger Jahre erreicht hat. Deshalb wird der Konkurrenzkampf auch mit härteren Bandagen ausgetragen. Natürlich schrecken auch die Kosten der Einheit. Schätzungen südkoreanischer Ökonomen reichen von 200 Milliarden bis zu fünf Billionen US-Dollar. Eine Umfrage des südkoreanischen Industrieverbandes (Federation of Korean Industries, FKI) bei zwanzig führenden Experten im Jahr 2010 ergab einen Durchschnittswert von drei Billionen US-Dollar.[134]

Andererseits, glaubt wirklich jemand, die Südkoreaner werden eines Tages tatsächlich sagen: Sorry, wir können uns die Wiedervereinigung leider, leider nicht leisten. Zu teuer! Eher werden sie wie einst Egon Bahr nach der deutschen Einheit mit grimmigem Humor verkünden: «Jetzt haben wir die Probleme, die wir uns immer gewünscht haben. Es ist herrlich. Also blicken wir nach vorn.»[135] Sie werden, wie sie es beim Aufbau ihres Wirtschaftswunderlandes getan haben, anpacken und versuchen, den Karren im Norden aus dem Dreck zu ziehen. Sie werden die Einheit als das Geschenk empfinden, auf das sie mehr als siebzig Jahre warten mussten.

6. Reifeprüfung bestanden

Am 31. März 2017 ging Park Geun Hye ins Gefängnis. Die Tore der Haftanstalt von Uiwang, einem südlichen Vorort von Seoul, schlossen sich hinter der Frau, die eben noch als Präsidentin Südkorea regiert hatte. Jetzt saß sie in einer streng bewachten Einzelzelle, trug grüne Gefängniskleidung und wartete auf ihren Prozess. Aus dem Staatsoberhaupt war Häftling Nummer 503 geworden. Park Geun Hye war am Tiefpunkt eines an Tragödien reichen Lebens angekommen.

Park, von ihren Landsleuten wegen ihrer kapriziösen Art «Prinzessin» genannt, war im Blauen Haus, dem Präsidentenpalast von Seoul, aufgewachsen. Ihr Vater, Park Chung Hee, der sich 1961 als General an die Macht geputscht hatte, herrschte mit brutaler Entschlossenheit. Bei älteren Koreanern ist er jedoch als Vater des Wirtschaftswunders in Erinnerung geblieben, mit dem Südkorea aus Kriegszerstörung und bitterer Armut zu einem erfolgreichen Industriestaat aufstieg. Heute ist das Land die elftgrößte Volkswirtschaft der Welt. Parks Mutter wurde 1974 von einem in Japan lebenden Sympathisanten Nordkoreas ermordet durch Schüsse, die eigentlich ihrem Vater galten. Präsident Park Chung Hee rief die 22 Jahre alte Tochter, die damals in Frankreich studierte, nach Seoul zurück. Von da an nahm sie an seiner Seite häufig die Pflichten einer First Lady wahr. Fünf Jahre nach der Ermordung der Mutter wurde auch ihr Vater erschossen. (Siehe Kap. III.2.)

Im Präsidentenpalast von der Außenwelt weithin abgeschnitten, geriet Park Geun Hye nach dem Tod ihrer Mutter unter den Einfluss eines obskuren Sektenführers. Choi Tae Min, vierzig Jahre älter als Park, nannte sich selbst einen «lebenden Buddha». Ursprünglich war er Polizeibeamter gewesen, war dann buddhistischer Mönch geworden und schließlich zum Katholizismus konvertiert. Religionsgrenzen souverän überwindend, gründete er seine eigene Sekte, die «Kirche des Ewigen Lebens». Wegen seines wachsenden Einflusses bei Hofe haftete ihm bald der Spitzname «Rasputin» an. Choi wurde eine Art Mentor der Präsidententochter. Ihr Vertrauen gewann er durch Erzählungen, ihre Mutter sei ihm im Traum erschienen, er könne auch ihr einen Kontakt zu der Verstorbenen herstellen. Offenbar verfiel Park dem Sektenführer. In einem Bericht der amerikanischen Botschaft aus dem Jahr 2007, der durch Enthüllungen von Wikileaks bekannt wurde, heißt es, Choi habe eine «komplette Kontrolle über Parks Körper und Seele» in deren prägenden Jahren gehabt.[136]

Der «Pseudo-Pastor», wie der südkoreanische Geheimdienst KCIA Sektenchef Choi nannte, starb 1994 im Alter von 82 Jahren. Sein Einfluss auf Park ging offenbar auf seine Tochter Choi Soon Sil über. Sie wurde zu deren enger Freundin und Vertrauten. Als Park Geun Hye selbst zur Präsidentin gewählt wurde und 2013 ins Blaue Haus zurückkehrte, wurde sie zur vielleicht wichtigsten informellen Beraterin. Sie redigierte Reden der Präsidentin und erhielt Einblick in geheime Staatspapiere. Während Park zu den Mitgliedern ihres Kabinetts und zu den offiziellen Beratern Distanz hielt, hörte sie auf den Rat Chois – bis hin zu Fragen der jeweils passenden Garderobe, etwa welche Farbe sie an welchen Tagen tragen solle. Von «schamanischen Ritualen» im Blauen Haus wurde in der Öffentlichkeit gemunkelt, ein Gerücht, gegen das sich Park heftig wehrte.

Die Beziehungen zu Vater und Tochter Choi mögen mit den Traumata zu erklären sein, die Park nach der Ermordung ihrer Eltern erlitt, und hätten – bis auf die Einsicht in vertrauliche Papiere – ihre Privatangelegenheit bleiben können. Was das Verhältnis zur Staatsaffäre machte, waren die beiden Stiftungen, die Tochter Choi gegründet hatte und die offenbar vor allem deren Selbstbereicherung dienten. Jedenfalls setzte sich die Präsidentin persönlich in Gesprächen mit führenden Industriellen des Landes, etwa den Chefs von Samsung und Hyundai, für Chois Stiftungen ein.

Und die Industriebarone verstanden: Wenn sie den Segen des Blauen Hauses etwa bei umstrittenen Unternehmensfusionen bekommen wollten, dann mussten sie spenden. Und sie zahlten reichlich, umgerechnet insgesamt 52 Millionen Dollar. Allein über den designierten Firmenerben von Samsung, Lee Jae Yong, damals stellvertretender Vorstandschef von Samsung Electronics, sollen 38 Millionen Dollar an die Park-Freundin geflossen sein. Das dokumentiert der 101 Seiten lange Bericht, den ein Sonderermittler im März 2017 vorlegte. Der ebenfalls verhaftete Lee gestand die Spenden, bestritt aber entschieden, dass er dafür Gegenleistungen der Regierung erwartet hatte. Im August 2017 wurde er zu fünf Jahren Haft verurteilt.

Die Firmen zahlten mit ihren Spenden, wissentlich oder nicht, unter anderem für ein Reitpferd der Tochter Choi Soon Sils, das eine knappe Million Dollar kostete. Die Tochter, die sich auch in Deutschland zur Dressurreiterin ausbilden ließ, hatte den Ehrgeiz, an den Olympischen Spielen 2020 in Tokio teilzunehmen. Was die Öffentlichkeit aber am meisten erregte, war die bevorzugte Behandlung von Chois Tochter bei der Zulassung an die angesehene Ewha-Universität für Frauen. Sie wurde aufgenommen, obwohl andere Bewerberinnen bessere Zensuren hatten. In Südkorea, wo auf gute Bildung allerhöchster Wert gelegt wird und wo vor der akademischen Ausbildung an einer renommierten Hochschule eine sehr strenge Aufnahmeprüfung steht, ist ein solches Verhalten ein absoluter Tabubruch.

Was sie da zu hören bekamen, versetzte die Südkoreaner in fassungslose Wut. Ihre Präsidentin hatte schon vorher viel Kredit verspielt. So war sie sieben Stunden lang unauffindbar, als im Jahr 2014 vor der Südwestküste Koreas die Fähre Sewol sank; mehr als dreihundert Menschen starben damals, die meisten der Opfer waren Schüler, die sich auf einem Ausflug befanden. Eine nationale Tragödie, und die Präsidentin war verschwunden. Bis heute ist die Episode nicht aufgeklärt. Vielleicht war dies nur eine Vernachlässigung ihrer Pflichten. Die Unverfrorenheit jedoch, mit der Park im Präsidentenbüro um Spendengelder für die Freundin warb, war den Südkoreanern zu viel.

Dabei sind sie an Selbstbereicherung und Vetternwirtschaft gewöhnt. Fünf der sechs direkt gewählten Präsidenten hatten am Ende ihrer Präsidentschaft oder in den Jahren danach mit Korruptionsvorwürfen gegen sie selbst oder Mitglieder ihrer Familie zu kämpfen. Zwei Ex-Präsidenten wanderten ins Gefängnis. Ein Landeskenner hat mir einmal die Gründe für diese Korruptionsanfälligkeit erklärt. «Sie haben in Südkorea einen sehr mächtigen Präsidenten. Aber er amtiert nur eine Wahlperiode lang. Wenn er erst einmal gewählt ist, kann er vom Volk praktisch nicht mehr zur Rechenschaft gezogen werden. Alle Loyalitäten, die Leute ihm gegenüber in Jahrzehnten gezeigt haben, muss er in diesen fünf Jahren zurückzahlen, materiell oder mit irgendwelchen Machtpositionen zum Beispiel in Staatsfirmen. Das hat dazu geführt, dass es am Ende jeder Präsidentschaft Korruptionsvorwürfe gab. Aber Park hat es am schlimmsten getrieben.»

Eng ist bis heute das Geflecht zwischen der politischen Führung und den wichtigsten Unternehmen des Landes, den Chaebols, die meist noch in Familienhand sind, obwohl sie längst zu Weltkonzernen herangewachsen sind. In der Industrialisie-

rungsphase hat die Regierung die heimischen Firmen mit Kredi-
ten und Steuervergünstigungen gefördert, um sie im Konkurrenzkampf mit ausländischen Wettbewerbern zu unterstützen.
Aber eine solche Nähe zwischen Politik und Wirtschaft, immer
schon anrüchig, passt nicht mehr zu einer entwickelten Demokratie mit einer selbstbewussten Bürgergesellschaft. Park Geun
Hye hatte dafür kein Verständnis. Sie regierte das Land, als wäre
es in den sechziger und siebziger Jahren stehen geblieben.

Umso größer war der Zorn der Südkoreaner. Ohnehin waren
sie mit der Regierungsbilanz Park Geun Hyes nicht zufrieden.
Angetreten war sie mit dem Versprechen, der Wirtschaft neuen
Auftrieb zu geben. Doch das Wachstum blieb gering, die Staats-
schulden stiegen, die Exporte – Fundament des südkoreanischen Wohlstandes – begannen zu sinken, das Land litt unter der
Strukturkrise von Werften und Reedereien. Besonders verdross
die Menschen aber die hohe Jugendarbeitslosigkeit von 12,5 Prozent. Selbst junge Südkoreaner mit guter und teurer Ausbildung
fanden keinen Job. Park jedoch, verschlossen und unnahbar,
vermochte es nicht, Zuversicht zu verbreiten. Stattdessen ver-
schanzte sie sich hinter den Mauern des Blauen Hauses. Eine der
wenigen, die ihr Ohr hatten, war die Freundin Choi Soon Sil.

Im Oktober 2016, als die ersten Nachrichten über den Skandal die Runde machten, begannen die Menschen auf die Straße
zu gehen. Schnell wuchs die Zahl der Protestierenden an, von
einigen tausend auf hunderttausende, die sich Samstag für Samstag in der Innenstadt von Seoul versammelten. Am 3. Dezember
2016 waren in der Hauptstadt zwischen Rathaus und dem
Gwanghwamun-Tor fast zwei Millionen Bürger unterwegs,
Menschen jeden Alters und aller Schichten, Eltern mit ihren
Kindern. Sie hatten Kerzen mitgebracht, die sie in Pappbechern
gegen den Wind schützten. Immer wieder sagten die Demonstranten, wie sehr sie sich schämten, für die Präsidentin und für ihr
Land. Aber es blieb vollkommen friedlich.

Welch ein Unterschied zu den Protesten im Jahr 1987, als die

Diktatur der Demokratie wich. Damals war die Hauptstadt in Tränengas gehüllt, Demonstranten und Polizei gingen mit brutaler Härte aufeinander los. Diesmal gab es keine Verhafteten und keine Verletzten. Kerzen statt Knüppel. Die Menschen sangen und skandierten ihre Parolen. Sie forderten den Rücktritt der Präsidentin mit fröhlicher Gelassenheit. Der Schriftsteller David Wagner, damals zu Besuch in Seoul, geriet zufällig in die Demonstration am 3. Dezember 2016. Fasziniert schilderte er in der *Frankfurter Allgemeinen Zeitung*, wie er sich in diesem «großen koreanischen Lichterfest» mittreiben ließ: «Ich sehe selbstbewusste, glückliche, ergriffene und viele sehr entschlossene Gesichter. Gesichter, die sagen: Wir werden hier sitzen, wir werden hier stehen, bis wir erreichen, was wir wollen.» Die Kerzen, die Kinder, das Lachen und die Lieder – der Beobachter war tief berührt. «Hier feiert sich auch die Freiheit, überhaupt demonstrieren zu dürfen», schrieb Wagner. Und auch dieses sah er: «Zwei elegante Frauen in Lodenmänteln, beide mit einer großen weißen Mülltüte in der Hand, beginnen, den wenigen Müll, der auf der Straße liegt, aufzusammeln.»[137]

Im koreanischen Herbst 2016 wurde deutlich, wie weit das Land vorangekommen war auf dem Weg zu einer reifen Demokratie, die keinen Vergleich mehr scheuen muss mit Europa und Amerika und die das Gerede von den «asiatischen Werten» als das entlarvt, was es immer war: die Legitimation autoritärer Herrschaft. Moon Chung-in, Professor an der Yonsei-Universität und Berater der liberalen Vorgänger Park Geun Hyes, hat gemeinsam mit seiner Frau vier Wochen lang an den Protesten teilgenommen. «Ich war überwältigt von der Reife der koreanischen Zivilgesellschaft», schrieb er mir. «Es ist eine Art öffentliches Festival der Herzen mitten in der Metropole Seoul.» Für Moon wie für viele andere Beobachter auch hatten die Südkoreaner einen wichtigen Test bestanden. Die Straßen von Seoul seien zur «Agora» geworden – zum Versammlungsplatz einer direkten Volksherrschaft. «Die Bürger führen, und die Politiker folgen. Ortega irrt, was die Masse angeht. Korea zeigt, dass die Massen smart sein können und klug, aber auch bedrohlich. Es ist offenkundig, dass die koreanischen Bürger aus den gewalttätigen Straßendemonstrationen der achtziger Jahre gelernt haben.»

Nicht nur die Bürger, auch die Institutionen des Staates zeigten sich dem Test gewachsen, auch sie bestanden die demokratische Reifeprüfung. Die Staatsanwaltschaft, die bald nach den ersten Enthüllungen gegen die Präsidentin zu ermitteln begann, erwies sich allen Einflussversuchen zum Trotz als unabhängig. Als die Präsidentin ihren Rücktritt verweigerte, stimmte die Nationalversammlung am 9. Dezember 2016 über eine Amtsenthebung Parks ab. 234 von 299 Parlamentariern votierten gegen Park, weit mehr als die notwendige Zweidrittel-Mehrheit. Auch viele Abgeordnete der konservativen Regierungspartei Saenuri stimmten für das Impeachment. Der Präsidentin wurden Amtsmissbrauch, Verstöße gegen die Verfassung und Versagen im Amt vorgeworfen. Das Parlament legte, wie von der Verfassung gefordert, seine Entscheidung zur Überprüfung dem höchsten Gericht vor. Park Geun Hye wurde von ihren Aufgaben suspendiert, die Amtsgeschäfte der Präsidentin übernahm vorübergehend Ministerpräsident Hwang Kyo Ahn.

In einer Fernsehansprache entschuldigte sich Park für das «nationale Chaos», das sie angerichtet habe. 180 Tage hatte das Verfassungsgericht nun Zeit, um zu entscheiden, ob der Beschluss des Parlaments rechtmäßig sei. Aber schon am 10. März 2017 fällte es einstimmig sein Urteil: Das Votum des Parlaments habe im Einklang mit der Verfassung gestanden. Die Präsidentin war damit endgültig ihres Amtes enthoben. Drei Wochen später holte die Polizei Park Geun Hye in ihrem Haus ab, legte ihr Handschellen an und überführte sie in das Gefängnis von Uiwang. Sie war jetzt Häftling Nummer 503.

Am 23. Mai 2017 begann der Prozess gegen Park. In achtzehn Punkten hatte die Staatsanwaltschaft Anklage gegen sie erhoben.

Zu den Vorwürfen, die zum Amtsenthebungsverfahren geführt hatten, kamen weitere hinzu, darunter das Anlegen einer schwarzen Liste über kritische Künstler und «pflichtwidrige Unterlassung» beim Sinken der Fähre Sewol im Jahr 2014. Welch bittere Bilanz einer Präsidentschaft.

Aber die persönliche Tragödie Park Geun Hyes war zugleich ein Triumph der südkoreanischen Demokratie. «Dies ist ein kritischer Moment», hatte Kim Ji Yoon vom renommierten Asan-Institut für Politikstudien im November 2016 gesagt. «Wie das Land mit dieser Situation fertig wird, entscheidet darüber, welchen Weg Koreas Politik gehen wird.» Die Präsidentin ignoriere «das ganze demokratische System, das wir seit 1987 aufgebaut haben».[138] Doch dieses System bewährte sich. Zivilgesellschaft, Gerichte und Staatsanwaltschaft, Parlament und Parteien, schließlich das Verfassungsgericht – sie alle agierten würdig, selbstbewusst und entschlossen. Die Regierung arbeitete auch ohne Präsidentin reibungslos weiter, die Verwaltung tat ihren Dienst, die Polizisten regelten freundlich den Verkehr: Normalität im politischen Ausnahmezustand.

«Diese Massenbewegung hat gezeigt, dass man um die Demokratie in Südkorea keine Angst haben muss», sagte mir ein kenntnisreicher ausländischer Beobachter, der seit zwanzig Jahren in Seoul lebt. «Das Schöne bei diesen Protesten war eben auch, dass es auf beiden Seiten sehr friedlich blieb, auch bei der Polizei. Die alte Angst, dass die Wut des Volkes überkocht, die hat sich nicht bewahrheitet. Also, das war eine tolle Sache.»

Es ist erhebend zu sehen, wenn ein Volk gegen Ungerechtigkeit und Unvermögen aufsteht. Wenn sich eine Demokratie, eine junge zumal, in einer schweren Krise bewährt. Südkorea gab im Herbst und Winter 2016 ein Beispiel, wie Bürger, Parlamentarier und die Justiz ein Versagen an der Spitze der Exekutive korrigieren können. Dass die Südkoreaner ihren Widerstand im Schatten des bedrohlich aufrüstenden Nordkoreas organisierten, dass sie sich von Raketentests und Kriegsgeschrei nicht in die Arme konservativer Hardliner treiben ließen, machte ihren Protest noch bewundernswerter.

7. Nur kein zweiter Koreakrieg

Die Ernüchterung setzte bei Moon Jae In sofort ein. Im Mai 2017 zum neuen Staatspräsidenten Südkoreas gewählt, wollte er nach zehn Jahren konservativer Regierungen den Arbeitsmarkt reformieren, die Wirtschaft ankurbeln, die Macht- und Eigentumsverhältnisse bei den Chaebols transparenter machen. Mit «vier Visionen und zwölf Versprechen» war er angetreten, zu ihnen gehörten der Kampf gegen die Korruption und das langfristige Streben nach einer friedlichen koreanischen Halbinsel. Das alles musste zurücktreten, als der Hurrikan der Nordkoreakrise über ihn hereinbrach. Donald Trump und Kim Jong Un begannen sich ihre Schrei-Duelle zu liefern, und Moon Jae In blieb nichts anderes übrig, als zur Vernunft und zur Mäßigung aufzurufen: «Wir müssen die nordkoreanische Atomfrage friedlich lösen, egal, wie viele Höhen und Tiefen es gibt.» Viel Gehör fand er nicht.

Sein ganzes politisches Leben lang hat Moon für Dialog und Aussöhnung mit dem Norden gestritten. Als Stabschef und engster Vertrauter des liberalen Präsidenten Roh Moo Hyun (2003–2008) bereitete er den zweiten innerkoreanischen Gipfel im Jahr 2007 zwischen Roh und Kim Jong Il in Pjöngjang vor. War der erste Gipfel sieben Jahre zuvor von Symbolik und großen Emotionen geprägt, so brachte der zweite eine ganze Reihe praktischer Resultate, darunter regelmäßige Treffen der Premierminister und Gespräche zwischen den Verteidigungsministern.[139]

Die Verheerungen des Koreakrieges haben Moons Denken geprägt und ihn nach einer friedlichen Überwindung der Tei-

lung suchen lassen. Gewiss spielte dabei auch seine Familien-
geschichte eine Rolle. Moons Eltern flohen während des Krieges
aus der im Norden gelegenen Stadt Hungnam in den Süden. Der
Vater unterrichtete danach auf der Insel Geoje als Dozent im
größten Kriegsgefangenenlager für Nordkoreaner. Dort wurde
Moon 1953 geboren und wuchs in beengten Verhältnissen auf.
Der Krieg hat auch seine Familie zerrissen. Seine Mutter hat ihre
Schwester seit der Flucht nie wieder gesehen. Moons größter
Wunsch? «Das erste, was ich nach einer Wiedervereinigung Koreas tun würde, ich würde meine Mutter bei der Hand nehmen
und ihre Heimatstadt besuchen.»

Als Präsident wollte er an die «Sonnenscheinpolitik» seiner
liberalen Amtsvorgänger Kim Dae Jung und Roh Moo Hyun an-
knüpfen. Das zeigten auch seine ersten Personalentscheidungen.
Stabschef wurde Im Jong Sok, der sich schon Ende der achtziger
Jahre für den Dialog mit dem Norden eingesetzt hatte. Weil er
geheime Treffen mit Vertretern Pjöngjangs organisiert hatte,
wurde er wegen Verstoßes gegen das Staatssicherheitsgesetz zu
drei Jahren Haft verurteilt. Zum Geheimdienstchef ernannte der
neue Präsident den ehemaligen Nordkorea-Unterhändler Suh
Hoon, der die Verhandlungen vor den Gipfeltreffen in den Jahren 2000 und 2007 in Pjöngjang geleitet hatte.

Gleich nach Amtsantritt erlaubte Moon mehreren humanitären Organisationen, Kontakt nach Nordkorea aufzunehmen,
um Hilfsgüter zu liefern, die dort dringend gebraucht werden.
So gestattete er der Initiative Korean Sharing Movement, mit
dem Norden über ein gemeinsames Projekt zur Bekämpfung
von Malaria zu sprechen. Insgesamt durften mehr als fünfzig
Hilfsgruppen mit dem Norden Kontakt aufnehmen, im Jahr
zuvor hatte Seoul nur einer einzigen Stiftung erlaubt, Medi-
kamente zur Bekämpfung der Malaria nach Nordkorea zu liefern.[140] Doch aus Pjöngjang kam keine Antwort.

Es gab auch keine Reaktion, als Moon Militärgespräche im
Grenzort Panmunjom anbot. Es wären die ersten Treffen seit

Abbruch des Dialogs zwischen den Streitkräften im Jahr 2014 gewesen. Und es geschah wiederum nichts auf die Anregung, Vertreter der beiden Rotkreuz-Verbände sollten sich zusammensetzen, um über eine Wiederaufnahme der seit 2015 unterbrochenen Familienzusammenführungen zu sprechen. Die ersten Begegnungen von Angehörigen aus Nord und Süd hatte es 1985 gegeben. Es waren herzzerreißende Szenen, von der Nation an den Bildschirmen unter Tränen verfolgt. Über die Jahre durften immer wieder kleinere Gruppen in den jeweils anderen Landesteil fahren. Heute stehen noch die Namen von etwa 60 000 Südkoreanern, die meisten über achtzig Jahre alt, auf den Wartelisten. Sie alle möchten noch einmal in ihrem Leben den Bruder, die Schwester oder andere Verwandte sehen. Aber Pjöngjang schwieg auch zu dieser Initiative aus Seoul.

Ganz offenkundig war Kim Jong Un nicht nach Signalen der Entspannung zumute. Stattdessen begrüßte er den neuen Präsidenten im Süden mit einem halben Dutzend Raketenversuchen und mit dem Test einer Wasserstoffbombe. Moon Jae In war zwar nicht der Adressat der aggressiven Botschaft, der saß im Weißen Haus zu Washington; aber es war klar, dass Moon auf die Provokationen aus Pjöngjang reagieren musste. Er begann seinen Kurs vorsichtig zu korrigieren. Im Wahlkampf hatte er noch die Aufstellung des amerikanischen Raketenabwehrsystems THAAD abgelehnt, mit dem ballistische Raketen aus dem Norden abgefangen werden sollen. Nach der Wahl hatte er dann eine Überprüfung der «Umweltverträglichkeit» der Abschussrampen angeordnet, ein klares Zeichen seiner Missbilligung und zugleich der Versuch, die Amerikaner nicht mit dem offen vorgetragenen Wunsch vor den Kopf zu stoßen, THAAD wieder abzubauen.

Als der Norden dann aber Rakete um Rakete abfeuerte, stimmte auch Moon, wie schon seine Vorgängerin, dem Abwehrsystem zu. Mehr noch: Moon ordnete an, die Kampfkraft der ohnehin hochmodernen südkoreanischen Streitkräfte weiter zu stärken. Und er bat die Amerikaner um Zustimmung, stärkere Raketen bauen zu dürfen. Nach den Richtlinien, die zwischen den Militärs beider Länder vereinbart worden sind und die zuletzt 2012 aktualisiert wurden, dürfen südkoreanische Raketen nur eine Reichweite bis zu 800 Kilometern und eine Sprengladung von maximal 500 Kilogramm haben.[141]

Moon Jae In kann also auch anders. Niemand sollte sich in ihm täuschen. Der Menschenrechtsanwalt mit der sanften Stimme hat immer wieder Härte bewiesen. Als Jurastudent in Seoul protestierte er gegen die Militärdiktatur Park Chung Hees und flog deswegen von der Universität. Er kam in Haft, wurde zur Bewährung wieder freigelassen. Aber nun schickte ihn das Militär als Strafe für seinen Protest zur Ausbildung in eine Spezialkampfeinheit. Dort lernte er, als Fallschirmspringer hinter den Linien der Nordkoreaner zu landen und Sprengsätze zu legen.[142] Die Regierungspropaganda in Seoul präsentiert gern ein grobkörniges Schwarzweiß-Foto aus Moons Soldatenzeit, das ihn in schwerer Kampfmontur zeigt, wenn es darum geht, Zweifel an seiner Standfestigkeit in Fragen der nationalen Sicherheit zu zerstreuen.

Die Härte Nordkorea gegenüber, die Moon in der Krise des Sommers 2017 zeigte, dürfte Zweifel in Washington zerstreut haben. Dort hat mancher den früheren Präsidenten Roh Moo Hyun in kritischer Erinnerung, dessen Weg Moon über Jahrzehnte begleitet hat, erst als Kollege im gemeinsamen Anwaltsbüro, dann als Berater und Stabschef im Blauen Haus. Roh hatte von sich gesagt, er sei der erste Präsident Südkoreas, der «keinen Kotau vor den Amerikanern» mache. Und auch Moon erklärte im Wahlkampf, Südkorea müsse lernen, Washington gegenüber auch einmal «Nein zu sagen».

Es gibt im Süden einen linken Nationalismus, der bisweilen in Antiamerikanismus umschlägt. Wie die südkoreanische Gesellschaft ohnehin stark polarisiert ist: Dem Lager der Konservativen, die auf das Bündnis mit den Amerikanern nichts kommen lassen, die allein in den Vereinigten Staaten den Verteidiger des Friedens auf der Halbinsel und den Garanten der eigenen Freiheit sehen, steht ein linkes Lager gegenüber, für das die eigentliche Gefahr von der Präsenz der amerikanischen Streitkräfte im Land ausgeht. Sie halten der Regierung in Seoul ihre Kritiklosigkeit gegenüber Washington vor, möchten sich aus der als Unmündigkeit empfundenen Abhängigkeit befreien und endlich das Schicksal des Landes selbst in die Hand nehmen. Ohne die Amerikaner stünde ihrer Meinung nach einer Wiedervereinigung mit dem Norden nichts entgegen.

Dies ist freilich die Sicht einer Minderheit. In Verteidigungsfragen denkt die Mehrheit der Südkoreaner nach wie vor konservativ. In einem nur sind sich alle einig: Das Land dürfe nicht Spielball der großen Mächte werden, und über die Sicherheit auf der Halbinsel dürften nicht Washington und Peking über Seoul hinweg entscheiden. Genau diesen Eindruck hat Donald Trump aber erweckt, als er immer wieder das Gespräch mit Chinas Präsidenten Xi Jinping suchte und betonte, Peking habe es in der Hand, den Konflikt um das nordkoreanische Atomprogramm zu lösen. Als er dann beim Treffen mit Xi auf seiner Golfanlage in Mar-a-Lago im April 2017 auch noch verkündete, Korea sei ja in der Geschichte «ein Teil Chinas» gewesen, zeigten sich die Südkoreaner bestürzt über die historische Ahnungslosigkeit des US-Präsidenten. Wie sollte man diesem außenpolitischen Dilettanten das eigene Schicksal anvertrauen? Bei dem Bemühen Moons um mehr Eigenständigkeit gegenüber dem mächtigen Verbündeten war ihm der Beifall der meisten Südkoreaner sicher.

Die Sorge jedenfalls, bei Trump könnten die Sicherungen durchbrennen, war im Krisensommer 2017 in Seoul groß. Für ein Versagen der Diplomatie, das war jedermann bewusst, würde neben Nordkorea niemand einen höheren Preis zahlen als die Südkoreaner. Es gibt Schätzungen, wonach bei einem Krieg schon in den ersten beiden Stunden allein im Großraum Seoul 130000 Menschen sterben könnten, ohne dass Atomwaffen zum Einsatz gekommen wären.[143] US-Verteidigungsminister James Mattis hat deshalb zu Recht vor den «unvorstellbar tragischen» Konsequenzen eines militärischen Konfliktes gewarnt. Gerade dieser hartgesottene Ex-General gehörte zu jenen in der Regierung Trump, die nachdrücklich für eine diplomatische Lösung eintraten.

Es war deshalb selbstverständlich, dass Moon Jae In von den Amerikanern Mitsprache verlangte, bevor die Regierung in Washington Entscheidungen über Krieg und Frieden traf. Aus seiner Sicht gab es ohnehin keine militärische Lösung des Konflikts. Nach einem Telefonat mit Trump erklärte er Anfang August 2017: «Südkorea kann niemals akzeptieren, dass auf der koreanischen Halbinsel wieder ein Krieg ausbricht.» Das Weiße Haus sagte ihm zu, es werde keine Entscheidung über seinen Kopf hinweg geben. Ein Vetorecht räumten die Amerikaner dem südkoreanischen Präsidenten jedoch nicht ein. Aber Moon formulierte seine Position noch einmal in aller Klarheit. Als ihn Mitte August der Vorsitzende der Vereinigten Stabschefs, General Joseph Dunford, in Seoul besuchte und über Washingtons Pläne informierte, erklärte er: «Niemand kann ohne die Zustimmung der Republik Korea über eine militärische Aktion entscheiden.»

Paradox genug: Die Südkoreaner könnten wahrscheinlich eher mit der nordkoreanischen Bombe leben als die Amerikaner. Sie haben sich an das Kriegsgeschrei aus dem Norden gewöhnt. Wann immer Kim Jong Uns Staatsmedien kreischen, demnächst werde Seoul «in ein Flammenmeer» verwandelt, zucken die Passanten auf den Straßen Seouls mit den Achseln: Er schon wieder!

Für die Amerikaner hingegen ist die Vorstellung, die eigenen Städte könnten in Reichweite der Raketen dieser Despotie liegen, unerträglich. Es geht ihnen auch nicht allein um den Frieden auf der koreanischen Halbinsel; ebenso wichtig ist ihnen, die weitere Verbreitung von Atomwaffen zu stoppen. Pakistan, dessen Bomben jederzeit in die Hände von Islamisten fallen können, bereitet ihnen schon genug Kopfzerbrechen. Das iranische Atomprogramm ist zunächst gestoppt, könnte nach zehn Jahren aber jederzeit wieder aufgenommen werden. Donald Trump möchte das Abkommen mit Teheran ohnehin aufkündigen. Und nun auch noch eine Atommacht Nordkorea? Wäre die nukleare Proliferation dann überhaupt noch aufzuhalten? In Washington war man sich einig: Ließe man es zu, dass selbst verantwortungslose und unberechenbare Staaten wie Nordkorea über die Bombe verfügten, dann würde diese früher oder später auch in den Händen internationaler Terroristen landen.

Hatte Barack Obama zu Beginn seiner Amtszeit noch für eine totale Abrüstung bei den Atomwaffen plädiert, so deutete sich acht Jahre später das genaue Gegenteil an: der Beginn eines neuen nuklearen Wettrüstens. In Seoul forderten die ersten konservativen Politiker, die USA sollten ihre taktischen Atomwaffen nach Südkorea zurückbringen, die nach dem Ende des Kalten Kriegs von Präsident George H. W. Bush abgezogen worden waren. Umfragen ergaben, dass eine Mehrheit der Südkoreaner sogar die Entwicklung eigener Atomwaffen befürwortet, um den Norden von einem Angriff abzuschrecken.

Zu einer Neuauflage der «Sonnenscheinpolitik» will all das nicht passen. Moon Jae In hatte auf eine wirtschaftliche Zusammenarbeit mit dem Norden gehofft. Er wollte den gemeinsam betriebenen Industriepark Kaesong wieder in Betrieb nehmen, doch das erwies sich bald als ein aussichtsloses Unterfangen, würde die Regierung in Seoul damit doch gegen die Sanktionsbeschlüsse des UN-Sicherheitsrates verstoßen. Er wollte mit dem Norden über humanitäre Hilfe sprechen und die militärischen Kontakte wieder beleben, erntete jedoch aus Pjöngjang nur Schweigen. Für Kim Jong Un bleibt nämlich auch der Libe-

rale Moon ein Vasall des amerikanischen Imperialismus, mit
dem zu verhandeln nicht lohne. Kim sucht das Duell mit dem
Mann im Weißen Haus. Die Wirtschaftskraft des Südens, von
der sein Land so sehr profitieren könnte, Seouls humanitäre
Hilfsbereitschaft, der soziale, kulturelle, wissenschaftliche und
sportliche Austausch – das alles interessiert ihn nicht. Denn
Seoul kann ihm nicht bieten, was für Kim allein zählt und nach
seiner Überzeugung in der Hand der Amerikaner liegt: Anerkennung und eine politische Überlebensgarantie.

Deshalb missachtete er auch Moon Jae Ins versöhnliche Geste,
bei den Olympischen Winterspielen 2018 im südkoreanischen
Pyeongchang nationale Gemeinsamkeit zu demonstrieren. Bei
der Eröffnung der Sommerspiele 2000 in Sydney und 2004 in
Athen waren die Mannschaften aus Nord und Süd unter dem
Namen «Korea» zusammen ins Stadion eingezogen, auch wenn
sie dann bei den Wettbewerben getrennt angetreten waren. Jetzt
lud Moon die Nordkoreaner ein, in Pyeongchang ein gemeinsames Team zu bilden. «Ich will dieselbe olympische Sensation
verspüren», sagte der Präsident bei der Eröffnung der Taek-
wondo-Weltmeisterschaft 2017. Doch der Norden lehnte ab,
so wie er schon 1988 die Teilnahme an den Sommerspielen in
Seoul boykottiert hatte. Schlimm genug, dass der Süden die
Spiele schon zum zweiten Mal austragen durfte. Sollte der Norden durch seine Teilnahme dem Ereignis noch zusätzliche politische Bedeutung geben und damit den Ruhm des Gastgebers
mehren?

Die schroffe Abfuhr aus dem Norden ließ bei manchem in
Seoul düstere Erinnerungen wach werden. Zehn Monate vor
den Spielen in Seoul 1988 hatten zwei nordkoreanische Agenten
eine Bombe an Bord von Korean Air Flug 858 platziert. Die Maschine explodierte am 29. November 1987 mit 115 Menschen an
Bord über der Andamanensee. Südkoreas Regierung glaubte
damals, der Norden habe mit dem Terroranschlag Sportler und
Touristen von der Teilnahme an den Spielen abschrecken wol-

len. Vierzehn Jahre später, während der Fußballweltmeisterschaft 2002 in Südkorea, kam es in den umstrittenen Gewässern vor Koreas Küste zu einem Seegefecht. Sechs südkoreanische Seeleute kamen ums Leben, genau an dem Tag, als die Mannschaft Südkoreas um den dritten Platz spielte.

Das Internationale Olympische Komitee musste sich deshalb im Sommer 2017 die Frage stellen, wie sicher die Spiele in Pyeongchang sein würden. Der Austragungsort liegt nur 80 Kilometer von der innerkoreanischen Grenze entfernt. Konnte man es verantworten, dort die Wettbewerbe zu veranstalten? Südkoreas Sportminister hatte alle Zweifel zu zerstreuen versucht und leidenschaftlich für eine «Friedens-Olympiade» geworben. Doch die Welt schaute in den Abgrund eines Atomkrieges und mochte an das Versprechen vom olympischen Frieden nicht glauben.

Sie hatte auch wenig Grund dazu. Nordkoreas Staatschef droht damit, das Nachbarland Japan zu vernichten. Den Vereinigten Staaten verheißt er eine Zukunft in «Asche und Dunkelheit». Alles nur das Gerede eines Hasardeurs, könnte man meinen. Aber dieser Hasardeur hat Nordkorea innerhalb kurzer Zeit als neunte Atommacht etabliert. Damit ist nicht nur Amerikas Koreapolitik gescheitert; auch China und Russland stehen angesichts der aggressiven Aufrüstung Pjöngjangs als hilflose Mahner da.

Die auf dem Höhepunkt der Ost-West-Konfrontation begonnene Politik der Abrüstung und Rüstungskontrolle scheint an ihr Ende zu kommen. Die Großmächte selbst tragen einen maßgeblichen Teil der Schuld daran, denn sie haben die ihnen vom Atomwaffensperrvertrag auferlegte Verpflichtung zur Abrüstung nicht erfüllt. Im Gegenteil: Sie beginnen gerade mit einer umfassenden Modernisierung ihrer nuklearen Arsenale. Die neuen Atomwaffen sollen noch treffgenauer und damit noch gefährlicher werden.

Nordkorea kann also gegenüber den Vereinigten Staaten ar

gumentieren: Warum soll uns verboten sein, was euch erlaubt ist? Auch wir müssen uns schützen, denn ihr wollt mit uns keinen Friedensvertrag schließen. Stattdessen führt ihr vor unseren Küsten militärische Großmanöver durch, droht uns mit Enthauptungsschlägen und mit Regimewechsel, schnürt uns mit Sanktionen die Luft ab und wollt uns so in die Knie zwingen.

Doch diese Argumentation führt in die Irre. Der Hauptgrund für die gegenwärtigen Spannungen ist der Charakter des Regimes in Pjöngjang. Es muss um sein Überleben fürchten, nicht weil es von außen bedroht wird, sondern weil es seinen Bürgern Wohlstand, Freiheit und Gerechtigkeit verweigert. Dieses Regime hat keine Legitimität. Mit großer Grausamkeit verfolgt es jedes abweichende Denken und Handeln. Der Repression im Inneren entspricht die Aggression nach außen.

Die Folge: In Südkorea wird der Ruf nach nuklearer Nachrüstung laut. Nicht nur, weil der Norden immer bedrohlicher aufrüstet. Viele Südkoreaner fragen sich, ob sie sich auf den Schutz Amerikas noch verlassen können. Würde ein US-Präsident Seoul auch dann verteidigen, wenn Nordkorea glaubhaft mit der Zerstörung San Franciscos drohen kann?

In der südkoreanischen Bevölkerung wächst daher die Zustimmung zur Forderung, das Land solle seine eigenen Atomwaffen bauen. Der alte Glaubenssatz vom «Gleichgewicht des Schreckens» wird neu entdeckt. «Gesicherte gegenseitige Zerstörung» hieß diese Strategie im Kalten Krieg, *mutual assured destruction*. Abgekürzt: *mad*.

Es ist tatsächlich verrückt, wie schnell die Stichwörter des Ost-West-Konflikts zurückkehren: Interkontinentalraketen, Wasserstoffbombe, Abschreckung, Vernichtung. Aber es sind nicht nur Worte, es werden Fakten geschaffen. Auf der koreanischen Halbinsel droht eine neue Runde im atomaren Rüstungswettlauf zu beginnen.

Stoppen kann ihn nur die Bereitschaft zu ernsthaften Verhandlungen auf allen Seiten. Daran mangelt es – nicht nur, aber vor allem in Nordkorea. Deshalb geht es nicht ohne wirtschaftlichen Druck und militärische Abschreckung. Aber parallel dazu muss es ein glaubwürdiges Angebot zum Dialog geben. Denn dass aus der Konfrontation kein Krieg wird, muss das Ziel aller Politik bleiben.

Anmerkungen

1 Remarks as Delivered by Secretary of Defense Jim Mattis, Shangri-La Hotel, Singapore, June 3, 2017. U.S. Department of Defense. www.defense.gov

2 Gespräch mit Mark Fitzpatrick, Singapur, 3. Juni 2017

3 Gespräch mit Robert L. Gallucci, Washington D.C., 10. März 2017

4 www.38north.org

5 Gespräch mit Joel S. Wit, Washington D.C., 6. März 2017

6 Council on Foreign Relations: A Sharper Choice on North Korea. Engaging China for a Stable Northeast Asia. Independent Task Force Report No. 74, September 2016. www.cfr.org

7 *Financial Times*, 10. Januar 2017: Seoul speeds up plan for hit squad to kill North's Kim if war breaks out

8 Gespräch mit Robert Einhorn, Washington D.C., 8. März 2017

9 David Albright, Institute for Science and International Security: North Korea's Nuclear Capabilities: A Fresh Look. 65 Seiten. www.isis-online.org

10 Vgl. Jonathan D. Pollack: No Exit. North Korea, Nuclear Weapons and International Security. The International Institute for Strategic Studies, London 2011, S. 50

11 Ebenda, S. 51

12 Ebenda, S. 46

13 Matthias Naß, Den Tiger zähmen, Die ZEIT, 19. März 1993

14 Matthias Naß, Geduld haben und abwarten, DIE ZEIT, 24. Juni 1994

15 Zit. nach Jonathan Pollack, a.a.O., S. 149

16 David Albright, a.a.O. S. 48

17 Anthony H. Cordesman, North Korea: The Non-Nuclear, Non-Missile Crisis and the Shape of Things to Come. csis.org/analysis/north-korea-non-nuclear-non-missile-crisis-and-shape-things-come

18 Gespräch mit Lee Sang Hwa, Seoul, 7. Februar 2017

19 Vgl. B.R. Myers: The Cleanest Race. How North Koreans See Themselves – And Why It Matters, New York 2010

20 Siegfried S. Hecker, Lessons learned from the North Korean nuclear crises, Daedalus, Winter 2010, S. 3

21 Victor Cha, The Impossible State, New York 2012, S. 7

22 Ebenda, S. 289

23 Bob Woodward, Bush at War, New York 2002, S. 340

24 Zit. nach *The Economist*, 24. Juni 2017

25 Zit. nach *The New York Times*, 19. Juni 2017

26 Zit. nach *ZEIT Online*, 20. Juni 2017

27 Gespräch mit Teng Jianqun, Peking, 13. April 2017

28 *The New York Times, International Edition*, Getting around sanctions, 15. Mai 2017

29 Fu Ying: The Korean Nuclear Issue: Past, Present, and Future. A Chinese Perspective. John L. Thornton China Center at Brookings, Strategy Paper, May 2017. www.brookings.edu

30 Ebenda, S. 14

31 Ebenda, S. 9

32 Gespräch mit Victor Cha, Washington D. C., 9. März 2017

33 Vgl. *Frankfurter Allgemeine Zeitung*, 26. August 2017: Gab es Pläne für einen Putsch gegen Kim Jong-un?

34 China seethes on sidelines amid latest North Korea crisis. reuters.com/article/us-northkorea-missiles-idUSKBN1AQ179

35 Vgl. cnn.com/2017/08/09/asia/china-north-korea-us-trump/index.html. Vgl. auch businessinsider.de/north-korea-missile-test-china-aircraft-carrier-drill-2017–7

36 Don Oberdorfer und Robert Carlin: The Two Koreas. A Contemporary History, New York 2014, S. 320

37 https://www.theguardian.com/world/2017/aug/08/north-korea-nuclear-miniaturised-warhead-advanced-considerably-japan

38 J. Berkshire Miller: Japan's North Korea Options. Will Tokyo Equip Itself for a Preemptive Strike? In: *Foreign Affairs*, 15. März 2017. https://www.foreignaffairs.com/print/1119635

39 Vgl. japantimes.co.jp/news/2017/08/16/national/politics-diplomacy/japan-may-able-shoot-north-korean-missiles-no-legal-basis-experts

40 Vgl. Hanns W. Maull/Ivo M. Maull: Im Brennpunkt: Korea. Becksche Reihe, München 2004, S. 197

41 Vgl. Robert S. Boynten: North Korea's Abduction Project, *The New Yorker*, 21. Dezember 2015

42 Siehe das folgende Kapitel: Die August-Krise

43 Anthony H. Cordesman: The Forces that Shape the Military Options in Korea. csis.org/analysis/forces-shape-military-options-korea

44 Vgl. Eleanor Albert: North Korea's Military Capabilities. Council on Foreign Relations, 15. August 2017, S. 7–8. https://www.cfr.org/backgrounder/north-koreas-military-capabilities. Vgl. auch Mark Bowden, How to Deal With North Korea. *The Atlantic*, Juli/August 2017

45 Zit. nach: *The Economist*, 17. Juni 2017

46 Vgl. Eleanor Albert, a. a. O., S. 3

47 Michael Elleman: The secret to North Korea's ICBM success, 14. August 2017. www.iiss.org. Vgl. auch Tracing Success of North Korea to Ukraine Plant, *The New York Times*, 14. August 2017

48 https://www.nytimes.com/aponline/2017/08/15/world/europe/ap-eu-ukraine-nkorea.html

49 Pyongyang Believed By U. S. to Make Own Engines, *The Wall Street Journal*, 16. August 2017

50 Vgl. Trump Inherits a Secret Cyberwar Against North Korean Missiles. https://www.nytimes.com/2017/03/04/world/asia/north-korea-missile-program-sabotage.html

51 David E. Sanger und William J. Broad: U.S. hand seen in missile failures, *New York Times, International Edition*, 20. April 2017

52 Susan E. Rice: It's Not Too Late on North Korea. https://www.nytimes.com/2017/08/10/opinion/susan-rice-trump-north-korea.html/

53 Graham Allison, North Korea and the new unthinkable, *New York Times, International Edition*, 31. Mai 2017

54 Vgl. Korean Threat Energizes Guam, *The Wall Street Journal*, 19.–20. August 2017

55 Vgl. Guam Prepares to Withstand Threat of Missiles, *Wall Street Journal*, 12.–13. August 2017. Vgl. auch https://www.washingtonpost.com/news/worldviews/wp/2017/08/09/why-north-korea-threatened-guam-the-tiny-u-s-territory-with-big-military-power/

56 Henry A. Kissinger, How to Resolve the North Korea Crisis, *The Wall Street Journal*, 12./13. August 2017

57 Jim Mattis und Rex Tillerson: We're Holding Pyongyang to Account, *The Wall Street Journal*, 14. August 2017

58 Vgl. U.S., China Militaries Talk Strategy, *The Wall Street Journal*, 17. August 2017

59 https://www.washingtonpost.com/opinions/global-opinions/this-is-the-moment-of-truth-on-north-korea/2017/08/08/57b33194–7c83–11e7–9d08-b79f191668ed_story.html

60 Vgl. Rüdiger Frank, Nordkorea. Innenansichten eines totalen Staates, München, 2014, S. 38–41

61 Vgl. B. R. Myers, a. a. O, S. 9

62 Vgl. Matthias Naß, Im Banne des toten Tyrannen, DIE ZEIT, 15. Juli 2017

63 Vgl. Andrei Lankov, The Resurgence of a Market Economy in North Korea, Carnegie Moscow Center, 3. Februar 2016

64 Rüdiger Frank, a. a. O., S. 99 f.

65 Ebenda, S. 101

66 Ebenda, S. 98

67 Vgl. Matthias Naß, Ein Blauwal namens Hwang, DIE ZEIT, 21. Februar 2017

68 Vgl. Matthias Naß, Die Sonne der Menschheit, DIE ZEIT, 16. Januar 2003

69 Hanns W. Maull/Ivo M. Maull, a. a. O., S. 174

70 Ebenda, S. 173

71 Leben von Blättern. Interview mit Catherine Bertini, DIE ZEIT, 9. Mai 1997

72 Ebenda.

73 Ebenda.

74 Zit. nach: Matthias Naß, Das langsame Sterben im gnadenlosen Paradies, DIE ZEIT, 3. Oktober 1997

75 Ebenda.

76 Matthias Naß, Der lange Treck nach nirgendwo, DIE ZEIT, 19. Dezember 1997

77 Ebenda.

78 Ebenda.

79 Ebenda.

80 Ebenda.

81 Vgl. Maull/Maull, a. a. O., S. 173

82 United Nations Human Rights Council, Report of the Commission of Inquiry on Human Rights in the Democratic People's Republic of Korea, http://www.ohchr.org/EN/HRBodies/HRC/RegularSessions/Session25/Documents/A-HRC-25–63_en.doc

83 Matthias Naß: Der Alptraum in Lager 14, DIE ZEIT, 13. März 2014

84 Blaine Harden: Flucht aus Lager 14. Die Geschichte des Shin Dong-hyuk, der im nordkoreanischen Gulag geboren wurde und entkam, München 2012

85 Matthias Naß, a. a. O.

86 Transitional Justice Working Group: Mapping Crimes Against Humanity in North Korea. Mass Graves, Killing Sites and Documentary Evidence, Seoul, Juli 2017, 58 Seiten

87 Defectors help to map mass burial sites in North Korea, *The New York Times*, 20. Juli 2017. Vgl. auch https://www.washingtonpost.com/world/asia_pacific/where-are-the-bodies-buried-in-north-korea-investigators-try-to-prepare-for-future-trials/2017/07/18/48349113–7976–463a-a569–466ad84657c0_story.html

88 Gespräch mit Moon Chung-in, Seoul, 13. Februar 2014

89 Vgl. Victor Cha, a. a. O., S. 186

90 Jien Baek: The Opening of the North Korean Mind. Pyongyang Versus the Digital Underground, Foreign Affairs, Januar/Februar 2017, S. 107

91 Vgl. Maull/Maull, a. a. O., S. 175

92 Matthias Naß, Wie kann hier noch was wachsen?, Die ZEIT, 24. Mai 2017

93 Vgl. David E. Sanger und William J. Broad: Online ad shows bomb progress in North Korea, *The New York Times, International Edition*, 5. April 2017

94 Vgl. Nicole Perlroth und David E. Sanger: In Computer Attacks, Clues Point to Frequent Culprit: North Korea, *The New York Times*, 15. Mai 2017. Vgl. auch *Frankfurter Allgemeine Zeitung*, 17. Mai 2017: Steckt Nordkorea hinter dem Hackerangriff?

95 Andrew Higgins: North Koreans toil as ‹slaves›, *New York Times, International Edition*, 13. Juli 2017

96 Kevin Sieff: North Korea's surprising, lucrative relationship with Africa, *washingtonpost.com*, 10. Juli 2017

97 Vgl. *Süddeutsche Zeitung*, 10. Mai 2017: Beim Diktator sind noch Zimmer frei

98 Vgl. *Süddeutsche Zeitung*, 18. Mai 2017: Nordkorea schuldet Fiskus Millionen

99 Vgl. Choe Sang-Hun, Growth slackens a leader's grip: *The New York Times, International Edition*, 4. Mai 2017

100 Rüdiger Frank, a. a. O., S. 299 f.

101 Report of the Panel of Experts, United Nations, Security Council, S/2017/150 vom 27. Februar 2017

102 Vgl. *Financial Times*: From feudalism to crony capitalism, 22. Juni 2017

103 Ebenda.

104 Vgl. Andrei Lankov, a. a. O., S. 13

105 Ebenda, S. 8

106 Ebenda, S. 9 f.

107 Rüdiger Frank, a. a. O., S. 146

108 Vgl. John Delury: Trump and North Korea. Reviving the Art of the Deal, *Foreign Affairs*, March/April 2017, S. 46–51

109 Vgl. Oberdorfer/Carlin, S. 63 f.

110 Vgl. Matthias Naß: Aufbruch im Land der Morgenstille, DIE ZEIT, 1. März 1985

111 Vgl. Maull/Maull, a. a. O. S. 66–72

112 Ebenda, S. 76 f.

113 Vgl. Oberdorfer/Carlin, a. a. O., S. 34 f.

114 Vgl. Ebenda, S. 39–43

115 Vgl. Ebenda, S. 87

116 Vgl. Matthias Naß: Ein Haudegen als Handlungsreisender, DIE ZEIT, 11. April 1986

117 Vgl. Matthias Naß, Bußgang eines Diktators, DIE ZEIT, 2. Dezember 1988

118 Vgl. Matthias Naß: «Herr, gib diesem Land Demokratie», DIE ZEIT, 26. Juni 1987

119 Oberdorfer/Carlin, a. a. O. S. 134

120 Matthias Naß: Ein Sieg des ganzen Volkes, DIE ZEIT, 3. Juli 1987

121 Vgl. Matthias Naß, Die Demokratie unter Hausarrest, DIE ZEIT, 15. Februar 1985

122 Vgl. Oberdorfer/Carlin, a. a. O., S. 325

123 Chung-in Moon: The Sunshine Policy: In Defense of Engagement as a Path to Peace in Korea. Yonsei University Press, Seoul 2012, S. 41

124 Ebenda, S. 81

125 Vgl. Victor Cha, a. a. O., S. 388

126 Vgl. Oberdorfer/Carlin, a. a. O., S. 4 f.

127 Ebenda, S. 6

128 Vgl. Moon, a. a. O., S. 186 f.

129 Vgl. Moon, a. a. O., S. 178–191

130 Andrei Lankov: The Real North Korea. Life and Politics in the Failed Stalinist Utopia. Fully updated and Revised, Oxford University Press, New York 2015

131 Ebenda, S. 276

132 http://www.nkdb.org

133 Risking Death, He Fled North Korea. Now He's Begging to Return: *New York Times*, 6. August 2017

134 Vgl. Lankov, a. a. O., S. 262

135 Egon Bahr: Spätere Liebe nicht ausgeschlossen, DIE ZEIT, 14. Dezember 1990

136 Vgl. *Financial Times*: A nation's princess recast as a puppet, 5./6. November 2016; vgl. auch *New York Times*: A presidential friendship roils South Korea, 29./30. Oktober 2016

137 David Wagner: Unter koreanischen Caravaggisten, *Frankfurter Allgemeine Zeitung*, 9. Dezember 2016

138 Zitat nach *Financial Times*, 28. November 2016

139 Vgl. Moon Chung-in, a. a. O., S. 58–75

140 Vgl. Vorsichtige Schritte der Annäherung, *Neue Zürcher Zeitung*, 30. Mai 2017

141 Vgl. Pentagon Reviewing Missile Guidelines With South Korea, nytimes. com/reuters/2017/08/07/world/asia/07reuters-usa-southkorea-missiles. html

142 Vgl. Moon offers South Korea stability after scandal, *Financial Times*, 10. Mai 2017

143 Vgl. *The Economist*, 22. April 2017

Literatur

Bandi: Denunziation. Erzählungen aus Nordkorea. Aus dem Koreanischen von Ki-Hyang Lee. Mit einem Vorwort von Thomas Reichart, München 2017

Cha, Victor: The Impossible State. North Korea, Past and Future, New York 2012

Chinoy, Mike: Meltdown. The Inside Story of the North Korean Nuclear Crisis, New York 2008

Cumings, Bruce: The Korean War. A History, New York 2010

Frank, Rüdiger: Nordkorea. Innenansichten eines totalen Staates, München 2014

Fu Ying, The Korean Nuclear Issue: Past, Present, and Future. A Chinese Perspective. Brookings Institution, Washington D.C. 2017

Haggard, Stephan/Noland, Marcus: Famine in North Korea. Markets, Aid, and Reform, New York 2007

Harden, Blaine: Flucht aus Lager 14. Die Geschichte des Shin Dong-hyuk, der im nordkoreanischen Gulag geboren wurde und entkam, München 2012

International Institute for Strategic Studies: Asia-Pacific Regional Security Assessment 2017. Key developments and trends, London 2017

Kang Chol-hwan and Pierre Rigoulot: The Aquariums of Pyongyang. Ten Years in the North Korean Gulag, New York 2001

Kim Byung-yeon: Unveiling the North Korean Economy. Collapse and Transition, Cambridge University Press, 2017

Lankov, Andrei: The Real North Korea. Life and Politics in the Failed Stalinist Utopia. Fully Updated and Revised, New York 2015

Maull, Hanns. W. / Maull, Ivo M.: Im Brennpunkt: Korea. Geschichte, Politik, Wirtschaft, Kultur, München 2004

Moon Chung-in: The Sunshine Policy. In Defense of Engagement as a Path to Peace in Korea, Seoul 2012

Myers, B. R.: The Cleanest Race. How North Koreans see themselves – and why it matters, New York 2010

Oberdorfer, Don / Carlin, Robert: The Two Koreas. A Contemporary History. Dritte, erweiterte und aktualisierte Auflage, New York 2014

Pollack, Jonathan D.: No Exit. North Korea, Nuclear Weapons and International Security, The International Institute for Strategic Studies, London 2011

Stöver, Bernd: Geschichte des Koreakriegs. Schlachtfeld der Supermächte und ungelöster Konflikt, München 2013

Wit, Joel S., Poneman, Daniel B., Gallucci, Robert L.: Going Critical: The First North Korean Nuclear Crisis. Brookings Institution Press, 2004

Karten

RUSSLAND

Sachalin

Hokkaido

Wladiwostok

Shenyang

Japanisches Meer

Peking

NORDKOREA

JAPAN

Tianjin

Pjöngjang

Honshu

Seoul

Tokio

SÜD-KOREA

CHINA

Gelbes Meer

Kyushu

Wuhan

Nanjing

Schanghai

Ryukyu

Pazifischer Ozean

Ost-chinesisches Meer

Okinawa

Taipeh

TAIWAN

Guangzhou (Kanton)

Hongkong

Hainan

Luzón

Marianen-Inseln

Paracel Inseln

VIETNAM

Manila

Südchinesisches Meer

PHILIPPINEN

Guam (USA)

Spratly Inseln

Mindanao

0   250   500 km

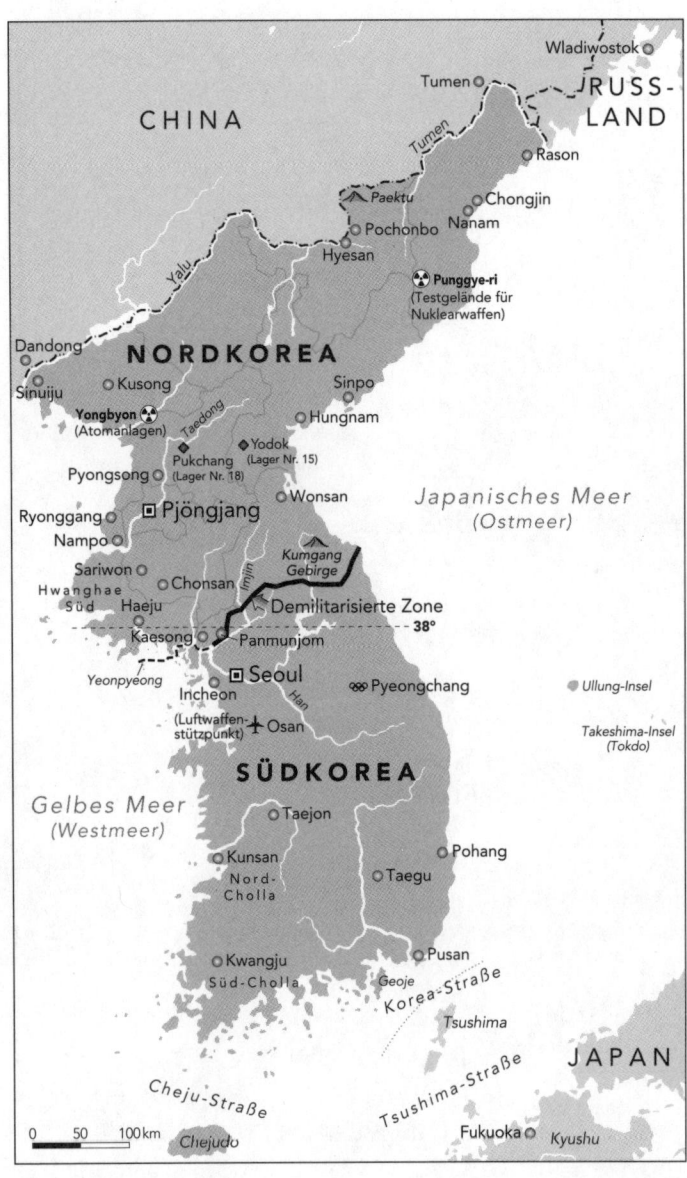

CHINA

RUSS-
LAND

Wladiwostok

Tumen

Tumen

Rason

Paektu

Chongjin

Pochonbo   Nanam

Hyesan

☢ **Punggye-ri**
(Testgelände für
Nuklearwaffen)

Dandong

NORDKOREA

Sinuiju   Kusong   Sinpo

Yongbyon ☢   *Taedong*   Hungnam
(Atomanlagen)

Pyongsong   Pukchang ◆Yodok (Lager Nr. 15)
          (Lager Nr. 18)

Ryonggang   Wonsan   *Japanisches Meer
(Ostmeer)*

Nampo   □ **Pjöngjang**

Sariwon   *Kumgang
Gebirge*

Hwanghae   Chonsan
Süd   Haeju   **Demilitarisierte Zone**

Kaesong   ----- **38°**
    Panmunjom

Yeonpyeong

Incheon   □ **Seoul**

(Luftwaffen-
stützpunkt) ✈ Osan

SÜDKOREA

⊗ Pyeongchang   ● *Ullung-Insel*

*Takeshima-Insel
(Tokdo)*

*Gelbes Meer
(Westmeer)*   Taejon

Kunsan   Pohang
N o r d -
C h o l l a   Taegu

Kwangju   Pusan
S ü d - C h o l l a   *Geoje*   *Korea-Straße*

    Tsushima

J A P A N

Cheju-Straße   *Tsushima-Straße*

0   50   100km   *Chejudo*   Fukuoka   *Kyushu*